精选版

吕氏春秋

"一字千金"的古今大道理

[战国] 吕不韦 著

灵犀 译注

民主与建设出版社

·北京·

图书在版编目（CIP）数据

吕氏春秋："一字千金"的古今大道理 /（战国）
吕不韦著；灵犀译注 . —北京：民主与建设出版社，
2021.7

ISBN 978-7-5139-3623-1

Ⅰ . ①吕…　Ⅱ . ①吕…　②灵…　Ⅲ . ①杂家②《吕氏
春秋》– 研究　Ⅳ . ①B229.25

中国版本图书馆 CIP 数据核字（2021）第 135021 号

吕氏春秋："一字千金"的古今大道理
LüSHI CHUNQIU YIZIQIANJIN DE GUJIN DADAOLI

著　　者	（战国）吕不韦
译　　注	灵　犀
责任编辑	李保华
封面设计	李爱雪
出版发行	民主与建设出版社有限责任公司
电　　话	（010）59417747　59419778
社　　址	北京市海淀区西三环中路 10 号望海楼 E 座 7 层
邮　　编	100142
印　　刷	北京柯蓝博泰印务有限公司
版　　次	2021 年 9 月第 1 版
印　　次	2021 年 9 月第 1 次印刷
开　　本	880 毫米 ×1230 毫米　1/32
印　　张	7.75
字　　数	167 千字
书　　号	ISBN 978-7-5139-3623-1
定　　价	39.80 元

注：如有印、装质量问题，请与出版社联系。

序　言

　　《史记·吕不韦列传》中曾载："布咸阳市门，悬千金其上，延诸侯游士宾客，有能增损一字者予千金。始皇既壮，绌不韦；又渐并兼列国，虽亦召文学，置博士，而终则焚烧《诗》《书》，杀诸生甚众，重任丞相李斯，以法术为治。"

　　两千多年前，吕不韦下令将《吕氏春秋》的成稿悬于城门示众，放言说书中但凡有一字可加增删改易，即予千金之赏。布告贴出许久，也无人前来捉虫挑刺，这固然是因为人们畏惧吕不韦的滔天权势，但也是因为《吕氏春秋》博采众长，几无可挑剔之处。

　　"一字千金"的传奇故事，遂流传至今，此四字也成为评论家们品解诗文的最高评价。钟嵘便在《诗品》中，赞美《古诗十九首》等作品是"文温以丽，意悲而远，惊心动魄，可谓几乎一字千金"。

　　那么，《吕氏春秋》中又有哪些精辞妙语呢？

　　被誉为"天纵之圣""天之木铎"的中国文化圣人孔子曾说："三军可夺帅也，匹夫不可夺志也。"

　　无独有偶，《吕氏春秋·季春纪·诚廉》中也称，"石可破也，而不可夺坚；丹可磨也，而不可夺赤"。这是说，我们大可将石头击碎砸烂，把朱砂研成细末齑粉，但不能够改变石头那坚硬的本质，朱砂那赤红的色泽。

的确如此，理想和志气是人生的法宝利器，它当是永恒不灭的。

"尺之木必有节目，寸之玉必有瑕瓋"，此语被置于宣扬以理为本、超世离俗的高节厉行的篇章之中，告诫君主吏官，举荐人才绝非易事，用人不可求全的道理。

没错，选贤举能之事，原应求其大善，而不应责其小过。明朝中后期政治家张居正便打破了所谓"君子、小人"的界限，重用循吏、慎用清流，其选官用人的智慧，便多是来自《吕氏春秋》。

今人常说，"生命在于运动"。这样的观点其实并不鲜见。

早在《吕氏春秋·季春纪·尽数》中，就提出了"流水不腐，户枢不蝼（后作蠹）"的说法。户枢者，门轴；蝼者，蛀虫。举凡流动之水，断不会变臭致腐；不停转动的门轴，也不会被蛀虫咬噬。两个精妙的比喻，将坚持运动才能维系事物活力的道理，阐述得形象而深刻。

读书，是为汲取书中之慧谋，体悟世间之至理，并以此来镜照古今尘事，判定曲直是非，帮我们勘破生命的谜题，走出人生的困局。

抱着这样的目的，笔者尝试将《吕氏春秋》中的智慧名言加以注解阐发，并用相应的历史典故加以例证延伸，望能与读者朋友们一同参悟体会。

第一卷·春纪：适欲节性以养生

🌿 尊重生命的规律，是修身养性的不二法门。

🌿 不需要的东西，不必求；无奈何的事情，不必追。

🌿 人的欲望，应顺时以适，节而有度。

🌿 凡事本于公心，天下才得海晏河清，人间才能安享太平。

🌿 所谓"至公"，便是天下本无你、我、他。

🌿 人品的真伪恶美，唯有时间可以给出答案。

🌿 不因利而伤生，必能推己及人，善待他人。

🌿 熏染得当，才能成为一个德行美好的人。

🌿 生命在于运动，生活源于自然。

第二卷·夏纪：礼乐教化利于行

❀ 启蒙老师之所以重要，是因为他用生命唤醒了另一个生命。

❀ 以柔克刚的智慧，同样适用于劝说他人。

❀ 唯淡泊宁静，可保全人的本质，秉守人的天性。

❀ 仁义是可以传承的，善心是可以传递的。

❀ 同一个太阳，能够让每片叶子都焕发出它的光彩。

❀ 一个善学的人，往往都具备取长补短的心态。

❀ 荟萃众人的智慧，成就自己的圆满。

❀ 遇事若分不清轻重缓急，便很容易为外在的感官所支配。

❀ 教化的好坏，直接反映在对音乐的审美趣味上。

第三卷·秋纪：古之圣王有义兵

- "义战"的真意，是上兵伐谋，是减少不必要的牺牲。
- 虚假的和平，也有可能是媚惑的毒药。
- 示弱，不是势弱，它是一种蓄势待发的力量。
- 匡义扶危，是为正义之师。
- 勇于担当的人，总是懂得自省其身，自承胜败。
- 用兵的要义，便是攻其不备、出其不意。
- 声东击西，必致虚实难辨之效。
- 笼络人心的重要性，并不亚于广地扩土。
- 百川归海，而海不盈。

第四卷·冬纪：德为异宝取弥精

🍃 对死者的尊敬与怀念，才是真正意义上的"厚葬"。

🍃 以德为宝，以仁为先，乃古仁人之道。

🍃 忠言不逆耳的前提，是敢说和乐听。

🍃 士可杀不可辱，是因为名节的宝贵，有如珠玉。

🍃 先跳出常人的情感磁场，再用心去倾听逆耳忠言。

🍃 在大义的面前，真正的士人，是不惧祸福、不避险难的。

🍃 缺乏忠肝义胆的内核，国家的前途命运必然岌岌可危。

🍃 但凡贤主，无不懂得广开言路、亲近士人。

🍃 私心，会扰乱人的视听和判断。

第五卷·八览：修身治国须务本

- 理论不等于实践，博学也不等于全知。
- 错失时机，可能会招致"纵虎归山放龙入海"的结局。
- 朝自己的理想飞奔而去，获得最纯粹最圆满的快乐。
- 先成为不可替代的那个自己，再收获他人的尊重与欣赏。
- 寄望于自我，乃为获取成功的不二法门。
- 治国之道，必先本而后末。
- 避开对方的锐芒，站在对方的立场上，去掌握话语的主动权。
- 遇事"言不欲先"，反倒不会出卖自己的心思。
- 唯有洞烛幽微，方能洞若观火。

第六卷·六论：百家学说各纷呈

- 凭借好风之力，送我直上青云。
- 期贤、敬贤、爱贤，此乃国君之要务。
- 同类之间，不可两相攻伐，不应两败俱伤。
- 所获非利的人，终究逃不开道德的制裁。
- 与贤者进行灵魂的对话，丰盈的是自己的人生。
- 向你"泼冷水"的诤友，才是真正的朋友。
- 完美和圆满，有时可能会走向另一个反面。
- 事无大小之分，理无轻重之别。

无论处于何种境地，切勿乐而忘忧。

第一卷·春纪：适欲节性以养生

【题解】

《吕氏春秋》里的十二纪，以十二月令为线索来进行论述，是本书大旨的集中体现，分为《春纪》《夏纪》《秋纪》《冬纪》四卷。《春纪》以下，为《孟春纪》《仲春纪》《季春纪》三部分，每纪皆为五篇，共计十五篇。总的来说，《春纪》讨论的是关于养生的话题，这是因为，依照五行之说，属木的春季是一个阳气滋长、万物复苏的季节，最宜于养生。值得注意的是，在阐述养生思想的同时，著者也构想了宽厚仁爱、禁绝杀生的施政纲要。

今世之惑主，多官而反以害生，则失所为立之矣。

（《吕氏春秋·孟春纪第一·本生》）

人之性寿，物者抇之，故不得寿。物也者，所以养性也，非所以性养也。

（《吕氏春秋·孟春纪第一·本生》）

贵富而不知道，适足以为患，不如贫贱。

（《吕氏春秋·孟春纪第一·本生》）

凡生之长也，顺之也；使生不顺者，欲也。

（《吕氏春秋·孟春纪第一·重己》）

五者，圣王之所以养性也，非好俭而恶费也，节乎性也。

（《吕氏春秋·孟春纪第一·重己》）

天下，非一人之天下也，天下之天下也。

（《吕氏春秋·孟春纪第一·贵公》）

处大官者，不欲小察，不欲小智。

（《吕氏春秋·孟春纪第一·贵公》）

天无私覆也，地无私载也，日月无私烛也，四时无私行也。

（《吕氏春秋·孟春纪第一·去私》）

孔子闻之曰："善哉，祁黄羊之论也！外举不避雠，内举不避子。"祁黄羊可谓公矣。

（《吕氏春秋·孟春纪第一·去私》）

譬之若官职，不得擅为，必有所制。

（《吕氏春秋·仲春纪第二·贵生》）

惟不以天下害其生者也，可以托天下。

（《吕氏春秋·仲春纪第二·贵生》）

凡圣人之动作也，必察其所以之与其所以为。

（《吕氏春秋·仲春纪第二·贵生》）

染于苍则苍，染于黄则黄，所以入者变，其色亦变，五入而以为五色矣。

（《吕氏春秋·仲春纪第二·当染》）

不知要故，则所染不当；所染不当，理奚由至？

（《吕氏春秋·仲春纪第二·当染》）

由其道，功名之不可得逃，犹表之与影，若呼之与响。

（《吕氏春秋·仲春纪第二·功名》）

名固不可以相分，必由其理。

（《吕氏春秋·仲春纪第二·功名》）

流水不腐，户枢不蝼，动也。

（《吕氏春秋·季春纪第三·尽数》）

故欲胜人者，必先自胜；欲论人者，必先自论；欲知人者，必先自知。

（《吕氏春秋·季春纪第三·先己》）

主执圜，臣处方，方圜不易，其国乃昌。

（《吕氏春秋·季春纪第三·圜道》）

精准提要

- 尊重生命的规律，是修身养性的不二法门。

- 不需要的东西，不必求；无奈何的事情，不必追。

- 人的欲望，应顺时以适，节而有度。

- 凡事本于公心，天下才得海晏河清，人间才能安享太平。

- 所谓"至公"，便是天下本无你、我、他。

- 人品的真伪恶美，唯有时间可以给出答案。

- 不因利而伤生，必能推己及人，善待他人。

- 熏染得当，才能成为一个德行美好的人。

- 生命在于运动，生活源于自然。

【原文】

今世之惑主，多官而反以害生，则失所为立之矣。

【译文】

如今世间胡涂的君王，过多地设置官职，反而不利于民生，这就失去设置职官的初衷了。

【事典】

范镇建言除三冗

宋仁宗年间，成都华阳人范镇，被擢拔为起居舍人、知谏院。

经过调研，范镇发现国内人力不足、民情困乏的现状，便上疏朝廷请求减少官吏军队的数量。自北宋开国以来，为了增强武备、抵御边敌，军队的兵员基本上是有增无减。范镇却"请约祖宗以来官吏兵数"，这便意味着有一些人会失去工作。并且，这个十分得罪人的建议，还有可能导致兵力缺失的窘况。

不过，宋仁宗却采纳了他的建议。这是因为，范镇的建议较为成熟。关于裁员之后的兵额，他提出了取算历年来的折中数额，作为永久制度的处理办法。如此一来，冗兵、冗官、冗费的现象便能得到一定程度的遏制。

至于日常经费，要占到国内赋税收入总数的十分之七，余下的三成则被储蓄起来，用以防备诸如水旱灾难等突发情况。

北宋所执行的办法，即精兵简政。不过，为虚张声势，以显强国之势，契丹派使者过来的时候，北宋也大量地招募士兵来充场面。为此，国家每年都要耗费多达百千万贯的钱财。

范镇以为不妥，又进言道："官家（对皇帝的时称）这个做法不是上策。与其防备契丹，不如厚待三晋的老百姓；与其防备灵夏（史称西夏），不如厚待秦地的老百姓；与其防备西南的吐蕃、大理，不如厚待越、蜀一带的老百姓。总之，防备天下，比不上厚待天下百姓。军队存在的意义，本是为了保卫百姓，如果因为滥官冗兵的出现，反而残害了百姓，恐怕他日的忧患不在四夷，而在过于繁重的兵役和穷困无依的百姓。"

范镇的看法，得到了宋仁宗的首肯。不过，因为改革受到了阻力，终其一朝，宋仁宗也没能解决三冗的问题。

【释评】

在中国古代，"冗兵、冗官、冗费"的记载不绝于书。

宋朝的科举考试，每届都录取几百甚至几千人，超过唐朝数倍。一方面，这些进士需要安置；另一方面，宋朝对于宗室、亲信及其家属也极尽优待之能事，授官无度。这样的做法，势必会造成宋王朝机构臃肿的情形。

到了宋仁宗时代，境内官员竟已接近两万人，滥用乱封的弊端很大，容易导致人浮于事、吏治腐败的局面。宋王朝后期积贫积弱的现状，与此也不无关系。

所以说，范镇建言除三冗的做法，是合乎国情的。

【人物】

范镇（1007—1088），字景仁，华阳人，参与编修《新唐书》，与范祖禹、范冲被合称为"三范修史"。范镇一贯直言敢谏，曾弹劾王安石变法，也曾在宋仁宗面前请立太子。晚年时，范镇出使辽朝，被视为"长啸公"。范镇著有《东斋记事》等作品，苏轼在墓志铭中赞曰："其文清丽简远，学者以为师法。"

【原文】

人之性寿，物者扣之，故不得寿。物也者，所以养性也，非所以性养也。

【译文】

人本来是可以长寿的，但很多人却无法获得长寿，那是由于外物搅乱了他的心智，因而他不能享寿长久。外物，是用来修养身心、涵养天性的，人不应该损耗自己的生命去追求它。

【事典】

梁冀贪暴遭报应

从汉和帝起，东汉王朝逐渐形成了外戚专权的局面。

为了摆脱外戚的控制，年幼皇帝只好扶植宦官的势力，以期达到政治势力的平衡。在外戚和宦官两大势力的轮流擅权中，东汉的政治越发腐败。

延光四年（125），汉顺帝即位。随后，梁皇后的父兄梁商、梁冀相继做了大将军。

梁冀是一个骄横贪婪、目中无君的人。等到汉顺帝、汉冲帝驾崩之后，梁冀又扶持汉质帝刘缵即位。刘缵年少而有主见，曾当众指责梁冀是个跋扈将军。

一想挽回面子，二怕皇帝成人之后对付他，梁冀便暗中毒害了汉质帝。紧接着，梁冀又将十五岁的刘志扶上皇位。他就是汉桓帝。

梁冀的地位稳如泰山，更为骄横贪婪，气焰嚣张至极。比如，他霸占了洛阳附近的民田，拿来修建广厦豪宅；他抢夺了数千名良家女子，让这些"奴婢"来伺候他的衣食起居；他罗织了不少罪名，令富户以钱赎"罪"……

比较典型的是梁冀敲诈孙奋这个事例。

梁冀先送给孙奋一匹马，再向他借钱五千万缗。孙奋知道这钱必是肉包子打狗，一去不回的，所以只给了他三千万缗。梁冀因之大为发火，便对官府诬说孙奋的母亲是逃婢，偷了他家的财物。孙奋激烈反抗，最后被梁冀的属下活活打死，财产也全没收了。

执掌朝政近二十年，梁冀的物欲也随之膨胀起来。为了追求物质享受，他已变得无所不用其极，成了一个恶贯满盈的人，但他却没想过，膨胀的气球终有一日是会炸裂的。

因为汉桓帝憎恶梁冀，梁冀便派人暗杀其宠妃之母，以示警告。后来汉桓帝忍无可忍，于是密访了单超等五个跟梁冀有私怨的宦官，又调发了千名羽林军，火速包围了梁府。

梁冀绝望之下，只能和妻子孙寿一起服毒自尽，内外宗族亲戚大多被处以死刑。梁家倒台，没收的财产足以使国库丰足，可见这梁冀贪婪到了何种程度！

【释评】

常言道："道德传家，十代以上；耕读传家次之；诗书传家又次之；富贵传家，不过三代。"这句话说得颇有些宿命论的意思，在日常生活中也有不少反例，但纵观历朝历代，大多数的富户，都逃不脱"富不过三代"的魔咒。

究其原因，主要就在于富户的后人，被物欲扰乱了心智，故而以性养物，本末倒置，将家族陷于不忠不义之地。这等于是给家族埋了一枚定时炸弹。等到楼塌的那日，纵然有泼天的富贵、如山的金玉，也保不住自身的性命，家族的财富。

后世，南宋洪迈亦叹息道："霍光忠于国，而为子禹（霍禹）覆其宗，梁商忠于国，而为子冀（梁冀）覆其宗，又相似。"

【人物】

梁冀（？—159），一代贤辅梁商的儿子，顺烈皇后的兄长。梁冀为人跋扈嚣张，物欲极重，可谓是穷奢极欲。梁冀专权乱政，犯下弑君等许多不可饶恕的罪行。同时代的张纲曾预测道："专为封豕长蛇，肆其食叨，甘心好货，纵恣无底，多树谄谀，以害忠良。诚天威所不赦，大辟所宜加也。"

【原文】

贵富而不知道，适足以为患，不如贫贱。

【译文】

身居高位而富足有余的人，却不明白养生的道理，只会为自己招来祸患，反倒不如做个贫苦而身份低微的人。

卫懿公好鹤险丧国

卫惠公三十一年（前669），公子赤即位，是为卫懿公。

很多帝王诸侯都有自己独特的爱好，一向安逸骄奢惯了的卫懿公，也"不甘落后"，耗费大量物力财力，圈养了许多的白鹤。

在卫懿公看来，鹤是世界上最美的动物，它们有着修长的颈项，洁美的羽身，亭亭的身姿。他对白鹤完全没有抵抗力，为此迷醉不已，就连出游也不忘将其带在身边，分班侍从。

没多久，白鹤就填满了卫国的宫闱。为给宠鹤以更好的待遇，来满足自己的畸形物欲，卫懿公便给它们按姿定级，让其享受官阶俸禄，拥有自己的侍从、宅第、俸禄、车乘。

一时之间，卫国多出了成百上千的鹤官。渐渐地，供养鹤官、扩建宫苑的钱，已经超出了国库的承受能力，卫懿公便支使朝官从百姓身上去压榨。至于他们能否吃饱穿暖，他可不在乎。

与"楚王好细腰，宫中多饿死"的故事相似，懿公好鹤所带来的严重后果，岂止是百姓受压挨饿！许多想邀宠求封的官吏，也千方百计地驱遣百姓去捕鹤。横征暴敛、不断扰民，已是引起不好的影响，而更为严重的是，一个充斥着大量佞小的国家，能指望它好到哪里去呢？

很快，卫懿公好鹤荒政，导致国力疲敝的消息传到了北狄。

卫懿公九年（前660）十二月，北狄集结了二万骑兵攻杀过来。早就失去民心的卫懿公，根本使唤不动兵士，他们都说："让鹤去抵御狄人吧！它们可都是卫国的官呢！"与此同时，卫国的官员们也说："国君可让鹤官去迎战狄人。"

玩物丧志，大错特错。卫懿公决定改过自新，他一边解散了鹤群，一边召集少数心腹亲征御敌。可惜的是，这支临时组建的军队，毫无战斗力可言，很快就被击败了。

末了，卫懿公战死于荧泽，卫国险些遭遇灭顶之灾。

据某些史料的说法，北狄人吃掉了卫懿公，仅余一肝脏，而忠臣弘演则自杀掏腹，将这枚肝脏放到里面。后臣子们拥立卫懿公的堂弟公子申即位，史称卫戴公。

【释评】

有道是，"上有所好，下必甚焉"。

楚灵王喜欢士大夫有纤细的腰肢，他们便努力地节食，甚至于因饥饿过度而丢了性命。宣宗喜欢斗蛐蛐，底下的官吏们便纷纷献媚邀宠，给百姓摊派任务。

实则，宣宗乃是守成之君，政绩斐然，但因为宠溺玩物这个污点，他也被人戏称为"蟋蟀皇帝"，岂非得不偿失？

反观宋仁宗，则是一个大体上懂得节制的仁君。当他得知蛤蜊花销不菲之时，便没有心思去吃。当他处理政务想吃羊肉汤时，又怕麻烦厨子导致物料的浪费，也忍着饥饿没有张口。懂得节制，实是体恤臣民的一种表现，因此他也为自己赢得了良好的口碑。

【人物】

卫懿公（？—前660），姬赤，春秋时期卫国第十八任国君。在其九年统治时期内，他几乎不关心百姓疾苦，只好个人享乐。荒唐的卫懿公，最终丧失民心，沦为了孤家寡人。这正应了孟子所说的"君视民如草芥，民视君如仇雠"一言。《史记》曰："懿公即位，好鹤，淫乐奢侈。"

【原文】

凡生之长也，顺之也；使生不顺者，欲也。

【译文】

凡是生命长久都是因为顺应它的天性的缘故；反过来，使生命不顺的，正是欲望。

【事典】

赵佗和辑百越享太平

秦始皇统一六国之后，派将领任嚣和赵佗去南方攻打百越。

不过，秦王朝昙花一现，取而代之的是刘氏所建的汉朝。

到了汉高祖三年（前204）时，赵佗兼并了桂林郡、象郡，并在岭南据地称王，定都番禺，建立了南越国。他便是历史上著名的南越武王。

八年后的夏日，刘邦派遣大夫陆贾出使南越。在陆贾的劝说下，赵佗决定归降于汉。自此，赵佗得到了汉高祖所赐的南越王印绶，南越也成了汉朝的一个藩属国。

从汉高祖三年至建元四年，赵佗一直在位，其间汉朝一共换了九个皇帝，而他的寿命，却高达一百零三岁。由于他的儿子都没他长寿，故而赵佗只能将王位传给孙子。

根据史料的记载，赵佗绝非无意拓土、不张血性之君。比如说，在吕后执政时期，汉越之间的关系迅速恶化，吕后一方面发布了禁止商贸的命令，一方面又对南越发兵。而赵佗也很硬气，不仅发兵抵抗，反攻至湖南沿线，最后还宣布脱离汉朝，并即位称帝。故此，史上也将之称为"武帝"。

只能说，赵佗对于武功的渴望，不及他对修养"内功"的兴趣来得大。

汉朝苦攻无果，吕后过世之后，双方一度休战，但赵佗却采用财物贿赂的方式，成了闽越、西瓯和骆越等国的宗主国，彻底与汉朝对立起来。汉文帝时期，汉越之间才再度修好，赵佗也识时务地除去帝号，归复汉朝。

从几个细节上，便不难看出赵佗长寿的秘诀。

一是，他虽有建功立业的欲望，却能将此控制在一个合理的范围内。合理的欲望，固然是因其审时度势的眼光，但也是因为他懂得顺应生命天性的自然法则。

二是，在赵佗治理岭南的八十一年里，他始终以和平共处的态度，实行郡国并行制、和辑百越等国策，并不恃强凌弱、穷兵黩武。如此一来，他将汉越融合之后的中原文化——诸如城堡、文字、冶铁业，也带到了南越一带，从而形成了从强大个人到繁荣民族，再到强大个人的良性循环。

【释评】

在周国平的寓言《白兔与月亮》中，曾讲述了白兔在功利心理的支配下，由"赏月的行家"变成一个"病人"的故事。这种病，是心病，名曰"患得患失"。

最后，白兔意识到，它之所以会有得失之患，乃是因为拥有巨大的财富和利益，而它又无法心安理得地占有它，故而它主动消解了这种欲望，把月亮退还给了诸神之王。

这个寓言故事，可作多样的解读。

若以《吕氏春秋》中有关欲望的格言来观照，完全可以理解为"适度的欲望"能让我们顺应生命的天性，进而保障身心健康、增延生命的长度。

什么是合理的欲望呢？譬如白兔，欣赏而不占据美，便是合理的欲望。譬如我们人，能让自己身心愉悦、不觉负担的欲望，便是一个合适的标尺。

【人物】

赵佗（约前240—前137），南越武王，岭南地区第一个王国的建立者。赵佗本为恒山郡真定县人，是秦朝的南海龙川令。秦末大乱时，赵佗酝酿着割据建国的计划，终获成功。他是历史上最为长寿的皇帝（一度为南越武帝，后在国内仍被尊为皇帝），也是岭南文明的奠基人。毛主席曾论，赵佗可被称作"南下干部第一人"。

【原文】

五者，圣王之所以养性也，非好俭而恶费也，节乎性也。

【译文】

（建造规模适中的宫苑、避开干燥潮湿之地、制作足够安身暖体的车马衣裘、置办合乎口味的饮食酒醴、创作宜于舒展性情的音乐歌舞）这五个方面，便是圣王用来养生的办法。他们之所以这么做，并不是因为崇好节俭、憎恶靡费，而是为了调节性情使它达到适度的水平啊。

【事典】

汉文帝俭以治天下

公元前180年，吕后病逝，太尉周勃、丞相陈平等臣工，一举铲除诸吕，尊奉代王刘恒为帝，是为汉文帝。

刘恒是刘邦第四子，母为薄姬。在刘恒当政的二十三年里，诸侯国尾大不掉，匈奴频繁入侵等问题，已经十分严重。所幸，对于前者，他采取以德服人的策略；对于后者，则明行和亲之法，而暗蓄反抗之力。

尤为值得称道的是，开创"文景之治"的刘恒，也是历史上有名的节欲之君。

在宫室苑囿方面，刘恒一贯秉持能省则省的原则。

有一次，宫中拟建一个露台，召来工匠算了算经费，大约要用百金。百金是个什么概念呢？不过十个中等人家的资产。按说，这个数目并不大，但刘恒依然觉得太过奢侈，索性罢去了这个计划。至于车骑服御之物，他也很少予以添置。

在住行方面，刘恒节俭如此，而在吃穿方面，他就更是"抠门"了。

据史书载，刘恒本人只穿粗质料的绨衣，还每每下诏禁止郡国贡献珍宝，以此来压制奢风邪气。汉朝时兴曲裾，这种服装将衣裳合为一体，极显窈窕身姿。不过，为了节省布料，刘恒规定嫔妃之服不得拖地。与此同时，后宫所用之蚊帐，也严禁绣花。因为，繁复的绣工，也很是奢侈。

当年，秦始皇修筑了极为豪华的陵墓，耗费了过多的人力、物力、财力。刘恒却认为，哪怕是皇帝，死则死矣，厚葬并无多大的必要。于是，他颁下诏书，命人在建墓时只用瓦器陪葬，而"不以金银铜锡为饰"。

于用度之上，刘恒厉行节俭之风，这与他在就藩代地时，所养成的恭俭作则之习有莫大的关系。当然，更重要的是，刘恒懂得以史为鉴，深知秦之速亡在于奢，百姓唯有安居乐业，大汉朝的政权才能安定持久。

故而，刘恒本人躬行节俭，他对待百姓也十分宽厚仁爱，一直奉行"黄老"之政。

无为处，乃有为。在刘恒的治理下，国家人口剧增，流民也重归田园，从而促进了社会经济的发展，巩固了帝国的统治秩序，汉朝逐渐趋于了治世的气象。

【释评】

西汉的文帝、东汉的庄帝，都是宽俭治国的两个范例。

将目光放至历史长河中，不难发现，唐人李商隐"历览前贤国与家，成由勤俭破由奢"的论断，实为至理名言。

咱们不妨来对比一下北宋的开国皇帝赵匡胤，与实际上的亡国之君宋徽宗。

前者，在位十七年，生活中向来精勤俭朴。对于注重打扮的爱女魏国公主，赵匡胤不留情面地加以申责。在与皇后的闲谈中，他说，他虽富有四海，但必须为天下守财，不能以之奉一人。

而后者，则荒怠政事、靡费甚巨，致使各方矛盾升级，沦于不可收拾的地步。末了，徽、钦二宗，终丧国于内忧外患之间，殒命于异国他乡之地。

"节约与勤勉是人类的两个名医"，唯有善于调节性情，使之达于适度的水平，方可使上位者保一己之安身，成一国之太平。

【人物】

汉文帝刘恒（前203—前157），汉高祖刘邦的第四子，"文景之治"的开创人。刘恒初封代王，于公元前180年为太尉周勃、丞相陈平迎立为君。刘恒重视德教，并以身作则，其为母尝药的孝行，也被载入《二十四孝》中。其励精图治、俭以治国、废除肉刑等举措，一般认为是明君的典范。魏文帝曹丕评曰："美声塞于宇宙，仁风畅于四海。"

【原文】

天下，非一人之天下也，天下之天下也。

【译文】

天下，不是一个人的天下，而是天下人的天下。

【事典】

钮钴禄氏无私立养子

嘉庆二十五年（1820）七月间，嘉庆帝颙琰猝死于避暑山庄的烟波致爽殿中。

据《清仁宗实录》的记载，皇帝在驾崩之前，"公启铺匣宣示御书："嘉庆四年四月初十日卯初立皇太子宁"，但实情不如史载那般，出于"为尊者讳"的思想，立储密诏下落不明的事件，也被正史隐了去。

国不可一日无君，那么，立谁为新帝呢？

在这个关键时刻，嘉庆帝的第二任皇后钮钴禄氏站了出来，她告诉群臣，当立绵宁（即位后改旻宁）。旻宁便是后来的道光皇帝。

此言一出，众皆诧然。因为，这个初为侧福晋，后为贵妃、皇后的满洲镶黄旗女子，不但拥有高贵的血统，还有两个亲生儿子。

后宫之中，朝堂之上，夺位之战何其严酷！钮钴禄氏本可名正言顺地将亲儿子绵恺、绵沂扶上皇位，但却在最后关头做了让步，这是为何？

绵宁的生母，是孝淑睿皇后喜塔腊氏。等到喜塔腊氏去世之后，钮钴禄氏才登上了后位。彼时，绵宁还很年幼，钮钴禄氏在抚养二子的情况下，也悉心教养着这个孩子。母子四人之间的关系，一直很融洽。

之前，一直有流言说，喜塔腊氏是为钮钴禄氏所害的，但钮钴禄氏却不畏谣言，恩养绵宁。她的做法无声地消解了谣言的弊害。后来，钮钴禄氏又立先皇后的儿子为帝，谣言自然不攻而破了。

平息谣言是钮钴禄氏作此决定的一个原因，但同时，她依着"嫡"这个概念，绵宁的情势虽落于下风，但资历却更胜于自己的儿子。

就拿商纣王兄弟来说吧。辛本是帝乙的小儿子，其上还有同父同母的哥哥，但因其母在生子启和中衍的时候还是妾的身份，直至成为王后之后，才生下了纣，因此太史便认为，子启不算是嫡子。

如果把这套理论搬到清朝来，钮钴禄氏所生之子，也不如绵宁的嫡子身份来得正。所以，倘若她执意立绵恺为帝，恐怕会掀起一场大风暴。参考之前九龙夺嫡的惨剧，这样的争位风暴，绝不是她所愿见到的。

【释评】

权力，是一把双刃剑。

善于运用权力的人，可成大事大业，享受它所带来的成功与荣耀；而把权力用崩了的人，则将为权力所"反杀"，最终堕入欲望的深渊。

钮祜禄氏是个聪明人。

她的聪明之处就在于，她懂得礼仪，也懂得政治。懂得礼仪，便知道"嫡"字的意义是什么；懂得政治，便能明白"天下是天下人的天下"的公理。此一举，虽曰遵礼，又何尝不是为了避祸，为了尊生？

不欲令一己之欲，而引动争位之战，钮钴禄氏可说是深谙天下之大道。

【人物】

孝和睿皇后钮祜禄氏（1776—1850），满洲镶黄旗人，嘉庆帝的第二任皇后。钮祜禄氏于乾隆五十五年成为嘉亲王的侧福晋，再于乾隆六十年生皇三子绵恺。在嘉庆帝登基后的六年间，钮祜禄氏从贵妃、皇贵妃，一路升为皇后，深受皇帝宠信。因为无私立君之事，终其道光一朝，受到道光帝的真心敬重。

【原文】

　　处大官者，不欲小察，不欲小智。

【译文】

　　身居高位的人，不愿在细小之处苛求，也不愿玩弄小聪明。

【事典】

吕蒙正不记人过

　　宋太宗赵光义曾说："蒙正气量，我不如。"他说的是一位平民出身的宰相吕蒙正。

　　因为父亲妻妾甚多，吕蒙正和母亲被生生逼出了家门，往后的日子变得十分艰难。于是吕蒙正发愤图强，通过读书科考的渠道，改变了自己的命运。

吕蒙正

　　高中状元之后，吕蒙正被宋太宗任命为将作监丞、升州通判。皇帝十分看重他，不仅赐钱二十万，还许给他骑驿马入京面奏的特权。

调入京城之后，吕蒙正节节高升。在为父丁忧之后，宋太宗又起用他为命翰林学士、左谏议大夫、参知政事。再后来，李昉被罢去相位，吕蒙正便被授予了中书侍郎兼户部尚书、同中书门下平章事、监修国史，成了一人之下万人之上的宰相。

在朝廷之中，吕蒙正宽厚自律的人品，直言敢为的性格，一直为君臣上下所称道，而这也引起了部分小人的嫉妒之心。

在司马光的《涑水纪闻》中曾记载了这样一件逸事。

吕蒙正初任参知政事时，与同僚一起入朝堂。忽然间，他们听到有人隔帘幕说："是小子亦参政耶！"意思是说，这样出身的人，也能参与谋划政事？很显然，这是以其出身来论人。

有道是"英雄不问出处"，当面揭人疮疤，未免太过分了！

吕蒙正的同僚十分愤怒，见他佯作未觉，想要大步走开，便欲追问出言不逊者的官位、姓名。见状，吕蒙正急忙制止，不让同僚去查问。

退朝以后，同僚依然愤懑难当，后悔自己没有坚持去查问。问及吕蒙正容人之过的原因，他回答道："如果我知道那个人姓甚名谁，只怕终生都难以忘记他当众讽刺我的事。与其这般耿耿于怀，倒不如不去追问他的名姓。这样的话，对我反而没有半点损害。"

此言一出，同僚不禁对他钦佩有加，既因为他的气度，也因为他的智慧。

【释评】

都说"宰相肚里能撑船"，其实，位高权重的人，并不一定都有着大度量。

如蔡京等小肚鸡肠的狭量之辈，比比皆是。

面对当众讥讽自己的人，吕蒙正能不计人过，不是一件容易的事。

往往，胸怀是与智慧成正比的。

今人说，别人递来的是拳头，而你迎上的是掌心，虽然也会有痛感，但这种痛感，会因为你的忍让而减弱许多，后续的矛盾也会随之而消解。反过来，若是以拳相抵，针锋相对，则有可能激化矛盾，闹得两败俱伤。

蔺相如容忍廉颇，吕蒙正不记人过，他们都不在小事上锱铢必较，而是将精力置于家国大事之上，最终才能成就一个大写的自己。

【人物】

吕蒙正（944—1011），字圣功，河南洛阳人，在北宋初年曾三度为相。太平兴国二年（977年）时，吕蒙正高中状元。其人气度弘雅，而正直敢言，连赵普都对其推许有加。《宋史》评曰："蒙正质厚宽简，有重望，以正道自持。"

【原文】

天无私覆也，地无私载也，日月无私烛也，四时无私行也。

【译文】

上天覆围万物，没有偏私；大地承负万物，没有偏私；日月普照万物，没有偏私；春夏秋冬更替循环，没有偏私。

周公金縢见大义

周公辅佐武王伐纣，一时功勋卓著，成为机要大臣。

天下还未大定，次年武王便重病不起，引得朝臣震恐不安。在那个崇尚神力的时代，太公和召公便打算占卜一番，以明吉凶。

此时，周公却制止道："不可。不可行此举，这样会令以先王忧伤难过。"

最后，他决定设立祭坛，分别向太王、王季、文王之灵祈祷。为了表达诚心，祈祷时可以人为质。周公便亲自面北而立，捧璧持圭，虔诚地祝祷，说只要列祖列宗能保武王康健，他愿意以身代武王。

礼毕后，周公将册文放于金縢——金丝缠束的柜子。

册文的大致内容是：周王发因劳成疾，如果先王欠上天一个儿子，请以我来代替他。我是一个灵巧多艺之人，能很好地侍奉鬼神；而姬发却没有这个特长，他的特长是普济天下，令子孙后人安居乐业，令先王永享奉祀。所以，请让我来代替姬发。现在，请允许我通过占卜的大龟听命于诸位先王，如若应之，我将奉上圭璧；如若不应，我就收起圭璧。

结果是吉。

见状，周公很是高兴，再开锁察看柜中占兆书的吉象后，便进宫祝贺武王，说他不会有灾祸，让他务必宽心养病，而后周室天下而计。

至于金縢藏册之事，周公特意告诫守柜之人，不允他泄露半分。

再过一日，武王大愈。

后来，管叔、蔡叔勾结纣王之子武庚和东夷部族，挑衅周朝的权威。周公奉成王姬诵之命，讨平了三监之乱，又将周朝的势力扩张至海边，进而扫清了商王朝的外围势力。

因为忌惮周公，管叔、蔡叔先前散布流言，说周公有欺主篡位之意。渐渐地，成王也起了疑心，这令周公十分心寒。于是他选择了辞位避居。

好在，某日天降大雨，雷电劈开了金縢，成王才见到了册文。为此，他悔恨不已，急召周公复归相位。

唐朝白居易便在《放言五首》其三中写道："赠君一法决狐疑，不用钻龟与祝蓍。试玉要烧三日满，辨材须待七年期。周公恐惧流言日，王莽谦恭未篡时。向使当初身便死，一生真伪复谁知。"

【释评】

《尚书·大传》评曰："一年救乱，二年克殷，三年践奄，四年建侯卫，五年营成周，六年制礼乐，七年致政成王。"在《尚书》的今文、古文中，都有一篇《金縢》，同样在《史记·鲁周公世家》中也有这样的记载。

虽说，在考据风对策影响下，也有人怀疑《金縢》的真实性，但根据周公在历史上的无私形象，金縢藏册的可能性是很大的。

三国时期，曹操也在《短歌行》中颂扬周公一饭三吐哺的典故，是礼贤下士的做法，是"天下归心"的因由。

"文王有大德而功未就，武王有大功而治未成，周公集大德大功大治于一身"，汉朝贾谊曾如此评价周公。的确，周公在古人的心目中，是一个深具大义之德的圣人。

【人物】

周公姬旦，是周文王姬昌的第四个儿子，因采邑在周，爵至上公，故而被称作周公。周公曾辅佐周武王姬发东伐纣王，在摄政期间，他完善了宗法制度、分封制、嫡长子继承制和井田制等典章制度，堪称西周初期杰出的政治家、军事家。他又制作礼乐，推行德治，被后世尊为"元圣"。孔子对周公推崇备至，曰："甚矣吾衰也！久矣吾不复梦见周公。"

【原文】

孔子闻之曰："善哉，祁黄羊之论也！外举不避雠，内举不避子。"祁黄羊可谓公矣。

【译文】

孔子听说了祁黄羊荐人唯才的这些事，说："祁黄羊的话说得太好了！举荐外人时不回避敌雠，举荐家人时也不回避亲子。"祁黄羊可说得上是公正无私了。

【事典】

谢安内举谢玄不避嫌

东晋名士谢安，可谓是出名趁早的典范。早在四岁时，名士桓彝（桓温之父）便预言道，以他的资质，将来必不输王名士东海（王承）。在各色赞语的包裹下，谢安渐渐长大，早在上层社会中享有盛誉的他对官禄没有兴趣，只热衷于悠游清谈。

拒绝应召的谢安，隐居至会稽郡山阴县的东山，与王羲之、支道林等名士、名僧往来频密，纵情于山水之间，同时兼任家庭教师，以礼节来教育谢氏子弟。因为谢安再度谢绝征召，朝臣有人提议将之列入"黑名单"，但目光如炬的会稽王司马昱却说，谢安既能与人同乐，将来也必定能与人同忧，总有一日他会应召的。

数年后，谢安之弟谢万负责讨伐前燕，败退后，谢万被免为庶人。眼见谢氏地位不保，四十多岁的谢安不得不出山做官，"东山再起"的成语便是由此而来。

升平四年（360），谢安先在征西大将军桓温帐下担任司马，逐渐权掌机要。

宁康元年（373），谢安与王坦之挫败了桓温的篡位意图。其后，升任尚书仆射的谢安，与尚书令王彪之一同执政，权倾天下。

谢安

到了太元年间，为了对付前秦这个劲敌，谢安举荐亲侄子谢玄出任兖州刺史，镇守广陵，总领长江下游江北一线的军务。谢玄在京口兵的基础上，组建并训练了一支精兵劲旅。这支军队便是后来在淝水之战中大获全胜，以少胜多的北府兵。

谢安在对谢玄委以重任之时，自己也都督扬、豫、徐、兖、青五州军事，掌管长江下游的防务。因此，他举荐亲侄的做法，令不少人认为他别有意图，但过去桓温手下的谋士郗超却认为，谢玄是个用人能各尽其才，长于应对琐务的人才，他一定能有所作为。

应该说，谢安选将破秦，内举不避亲。其不畏人言的气量和唯才而用的能力，殊为难得。

【释评】

在一开始，谢玄也具有一些纨绔子弟的特点。

谢玄自幼便为叔父谢安所抚养，谢安也花了不少心思纠正他的小问题。比如，谢玄喜欢佩戴紫罗香囊，谢安以为不妥，便借了博戏的由头，将此赢来亲手烧掉。谢玄知悉叔父的用意后，从此再也不去佩戴这些物什。

在谢安的教导下，谢玄的能力才识得到了最大限度的升华。谢安曾问子侄，为何谢家的子侄还需要具备才能。谢玄在一片静默中，认真答道："像芝兰玉树一样，而且要让他生在阶前庭院中。"闻言，谢安十分欣慰。

关于淝水之战，史家范文澜说，"东晋朝建立以来，这是最大的一次战胜扩地"。赢得这场战争，虽然也有一些偶然因素，但不可否认的是，北府兵实乃东晋克敌制胜的一大法宝。仅从此点来说，谢安举才唯贤的做法，都是值得称道的。

【人物】

谢安（320—385），字安石，陈郡阳夏人，是谢裒第三个儿子。谢安性好清谈，隐居于东山，以游赏山水和教育谢家子弟为己任。谢氏人才凋零后，谢安始起于东山，自微职而至高位。秉政以来，谢安粉碎了桓温的篡位意图，选拔谢玄等人培养北府军，取得淝水之战的胜利。时人王俭评曰："江左风流宰相，惟有谢安。"

【原文】

譬之若官职，不得擅为，必有所制。

【译文】

这就好比各种职官，不能让他们专擅独行，必须得有所制约一样。

【事典】

高举谏言分任河漕

高举，是明朝万历年间的举人，起官于完县知县，官至督察院右金都御史。

在二十多年的宦涯中，高举主要负责监察工作，由于他正直敢言，不随波逐流，故而成为百姓心目中的清官。

明神宗万历十九年（1591）前后，高举在担任河南道监察御史期间，巡按黄、淮两河。因为河道长年淤塞，河水泛滥。高举对地势水情进行了多次巡视，走访多地后才制定了一套详细的治理方案和办法。

其一，上疏皇帝，请疏浚黄堈口以下的旧河，引其水流注入东面，而后填塞黄堈口，转而遏制其南面，等到旧河冲刷时久，才一道堵塞新决之口。

其二，奏请打开洳河、胶莱河，又陈说河漕不宜并于一人，应再度分任其事的主张。

河漕并于一人，说的是明清时期将两套运河管理机构的负责人合并为一的做法。

明朝之前，一般是由水政部门管理或由漕运官员兼理河务，到了明朝时，则设置了漕运总督、河道总督，简称为总漕、总河。景泰二年（1451）间，曾初设漕运总督，同时命其巡抚地方并兼管河道维护治理工作。

成化七年（1471）十月间，河道淤塞，严重影响了漕运。为统筹河务，朝廷便以专员总理河道，主持治理维护工程。这既是明代设置治河专官的初始，也是漕运、河道分开管理的标志。

但实际上，二督仅负责临时外出督漕或治河，并非固定官职，它们在职能上也分合不定，机构上更是废置无常。因此，将河漕并于一人之时，不仅容易滋生专权腐败之现象，而且也很难提高工作效率。

须知，设官的前提，便是不能给它们提供专擅独行、无所约束的温床。

高举的奏疏呈上之后，朝廷以为可行，第二年，便令河、漕分职，各自掌管其职。终明一朝，河漕二职再未复合一体。

高举的数千言奏疏，亦被刻载于河道工程的碑文上，竣工之后，皇帝又亲加表彰，以示鼓励。

【释评】

在封建时代，监察制度是一项非常重要的制度，它能起到直谏天子、体察百官的作用。

此外，负责监察的官员，还应提出一些具有建设性的意见。譬如高举，在发现黄、淮河道的问题之后，便提出了改进河漕管理制度的意见。

事实证明，河漕分任其事，必然彼此牵制配合，这是符合历史规律，又切中时弊的一种做法。

现实告诉我们，人的精力是有限的，繁杂的事务不利于工作的具体展开。《吕氏春秋》也告诉我们，如果不制定相互牵制的工作制度，也难免会出现一人为大、专擅跋扈的情形。

【人物】

高举（1553—1624），字鹏程，号东溟，山东淄川人。中举任官之后，历事完县知县、河南道监察御史、提督北直学政、大理丞、大理寺少卿、督察院右佥都御史等职。为官二十余年，高举一直为国计民生而虑，屡有切中时弊之言，浙江的老百姓为其立《抚浙去思碑》。卸职后，高举笔耕不辍，有《陶世名言》《古今韵撮》《中原音韵》等作品。

【原文】

惟不以天下害其生者也，可以托天下。

【译文】

只有不因为天下而妨害自己生命的人，才能够把天下交托给他。

王子搜不愿为君

越王勾践之后，出现过三代国王——越王不寿、越王翳、诸咎——都死于非命的惨剧。

越王不寿，是在越王鹿郢死后即位为君的，在位不过十年。不寿的政治水平较为有限，但也不失为一个合格的君王。公元前448年，太子朱勾发动了宫廷政变，弑父夺位。

朱勾死后，太子翳登位，在位三十六年。这期间，越国先是称霸于中原，再是霸业渐至衰败。迫于内乱外患，越王翳只能返回江南，迁都于吴。三年后（前375），太子诸咎因为担心父王会听从弟弟豫的意见而杀害他，索性率军赶走了豫，也做了逼宫弑父的恶事。

诸咎大逆不道，越人很快杀死了他。就在越国内乱频生的情况下，生在吴地的越人打算拥立诸咎之子错枝为王。错枝，便是王子搜。

数十年内，越国发生了多次宫变，错枝心生畏惧，保命之心更甚。于是，他逃到了丹地的洞穴中，坚决不出。为了"请"出错枝，大臣不惜用点燃的艾草熏他出来。

强行将错枝拉上王车后，他们又给他戴上王冠。

错枝十分无奈，只能拉着登车的绳子，小心翼翼地上车，他又对着上天呼号道："国君啊，国君啊！这个职位为何偏偏要让我来干啊！"

后来，错枝还在试图挣脱王位的束缚。

越国灭吴之后，便迁都于北方，无形中导致原吴国的吴人势力过大。因此，当越国再度迁回吴地时，吴人已具有插手越国国事的能力。

当然，越人也不甘心让吴人操纵本国政治，约在公元前373年，留在越国故地的卿大夫寺区，组织兵力夺权。他们先杀死了当年挑起事端的豫，又深入吴地，重挫其旧贵族。

错枝也被他们废黜了。

其后，越国贵族奉立越王翳的儿子之侯为越王。

再之后，寺区的弟弟思，又弑杀了越王之侯，拥立他的弟弟无颛即位。

远至越王不寿弑君夺位，近迄"诸咎之乱"，越国宫廷之中，伦理惨剧频频爆发。这种互相残杀的坏风气，造成了越国经济政治军事实力的大幅下滑。越王勾践所创的霸业，终于灰飞烟灭。

【释评】

《吕氏春秋》曰："王子搜非恶为君也，恶为君之患也。若王子搜者，可谓不以国伤其生矣。此固越人之所欲得而为君也。"

这是说，王子搜并不是厌恶为君这件事，而是他对为君所招致的祸患，远大于其对王位的渴望。从积极层面来说，一个不因利益而伤损自己生命的人，必然也会推己及人，保护百姓。

这番道理，并非只适用于帝王。

苏轼年轻时曾有一好友章惇，十分富有冒险精神。在面对悬崖深涧时，苏轼不愿过去在石壁上题字，章惇却蔑然一笑，面不改色地过桥题字。对此，苏轼评曰："能自判命者，能杀人也。"章惇闻言大笑。

后来，章惇因王安石变法而险些劈了司马光的棺材。苏轼与章惇也因政治立场，几乎分道扬镳。

简言之，善待自己的人，比较容易善待他人。

据后世看来，王子搜不愿为君，既是因其惮于宫廷政治的血腥，又是具有先见之明自保其身的做法。只不知，他被废黜之后，是成了普通百姓，还是沦为了政治的牺牲品。如为后者，实在是可悲可怜！

【人物】

王子搜，名错枝，一作孚错枝，约公元前374年至前373年在位。战国时期，越国的君主诸咎因弑君夺位之行，而激起国人之怒。诸咎死后，身在越国吴地的国人打算拥立错枝为王。两年后，错枝为寺区所废，余踪不详。

【原文】

凡圣人之动作也，必察其所以之与其所以为。

【译文】

但凡圣人有所举动，必定明确自己所要达到的目标，以及他将要采用的手段。

【事典】

孔子施教无定则

鲁国有一项法令，称只要能赎回流落在外的鲁国人，便可从官府拿到一定的赎金。

某一次，子贡在诸侯家赎回一名鲁国人，但他却不肯接受这笔赎金。

孔子听说此事后，便评论道："子贡的做法不对呀！"在他看来，子贡不愿接受赎金，是因为担心此举会有损于自己的道德。可问题是，圣人行事时能达到移风易俗、教化百姓的功用。人人都知行善事可得奖励，必然会效法赎人，从而推进鲁国的法令。

毕竟，此时的鲁国，是富人少而穷人多，穷人们都需要被鼓励。

又有一次，子路救下了一个溺水的人。那人对子路感激不已，便送了一头牛，以为酬答。子路没有拒绝他。

得知此事后，孔子十分高兴，遂道："子路如此明白事理，相信以后会有更多的鲁国人，会勇于去拯救溺水者了。"

教育学生，孔子素来是因材施教的，但有一点是他所不能宽容的，那就是学生的悖逆。

有一个名叫少正卯的学者，曾多次以歪言邪语诱惑孔子的学生。有一段时间里，部分学生离开学堂，跑去少正卯那里听课。于是乎，学堂中门庭若市的场面不复存在。

后来，孔子做了大司寇，负责实践法律法令，他就判了少正卯一个死刑。

子贡不解其意，进言道："少正卯是鲁国盛名大炽的人。老师您今天杀了他，是不是有些不合适呀？"意思自然是，恐怕有人会怀疑老师公报私仇。

孔子

孔子为之答疑："人有五种罪恶，远远超过了盗窃：第一种，是有着通达的心思但生性阴险；第二种，是行为乖逆无伦但顽固不化；第三种，是言辞虚诈但雄辩滔滔；第四种，是所记多为怪诞之说但装作旁求博考；第五种，是为他人之过而推波助澜、掩饰辩白。一个人但凡有这五罪之一，就不免被君子所杀，何况少正卯同时具备了所有恶行。他这个人，就是小人中的奸雄，是非杀不可的。"

【释评】

拾金不昧的行为和不拒回报的做法，哪一个更应该得到鼓励？

孔子认为，是后者。

诚然，子贡和子路所做的都是善事，但在孔子看来，子路这个看似不如子贡"高尚"的做法，却更为可取，因为如何能将一件善事的效应发挥到最大，才是最该受人关注的一点。

试想，若是做善事没有回报，那么又如何能激发人们一心向善的内在动力呢？利他的善行，只有在圣人持续地引导之下，才会渐渐成型，进而转化为自觉的非功利的行为。

圣人向社会散播的效应，必须是正面积极的。同时，对于引发负面影响的行为，则应予以坚决打击。

【人物】

孔子（前551—前479），名丘，字仲尼，春秋时鲁国人，著名的教育家、思想家。作为儒家学派的创始人，私人讲学的首倡者，孔子不惜周游列国以推行儒家思想，晚年修订了六经。孔子的弟子及其再传弟子，将孔子及其弟子的思想记录下来，整理编成儒家经典《论语》。

【原文】

染于苍则苍，染于黄则黄，所以入者变，其色亦变，五入而以为五色矣。

【译文】

把素丝放入青色染料中浸染，它就会变成青色；放入黄色染料，它就会变成黄色。这说明，用来放入的染料变了，素丝的颜色也会跟着发生变化，于是，把它浸染五次就会变出五种颜色了。

【事典】

明神宗近佞误国

嘉靖四十一年（1562）八月间，朱翊钧出生在裕王府。

到了隆庆二年（1568）三月中旬，朱翊钧被立为皇太子。此后，父亲明穆宗朱载垕精心为他选拔老师，教他读圣贤之书，以期熟悉朝章典故，汲取历代帝王治国的经验教训，学会驭民之术。

在讲官的辅导和母亲李贵妃的敦促之下，朱翊钧学习十分刻苦，不敢有所懈怠。

四年后，明穆宗驾崩，留下内阁大学士高拱、张居正、高仪来辅佐新帝。朱翊钧次年改元为万历，他便是中国历史上以"懒政"著称的明神宗。

朱翊钧即位后，年龄尚小，不能亲政，他便采纳张居正的建议，每日清早就驾幸文华殿，接受经书的熏陶。而后，再读史书。用罢午饭之后，他才能返回宫内。只有每月逢三、六、九的常朝之日，才能让他暂免于讲读之学。

这就是说，小小的朱翊钧，几乎没有休假的时间。

在朱翊钧执政初期，内阁之中纷争不断，但并未影响到帝国的正常运转。

当内阁中仅余张居正这个能人之后，朱翊钧与之进行相互配合，进行了大刀阔斧的改革，推行万历新政。诸如考成法、一条鞭法等政策，分别针对官僚作风、税制杂乱等乱象，均获得巨大的成效，基本上扭转了正德、嘉靖两朝渐成的颓势。

那么，这样一个兢兢业业、年少有为的皇帝，后来是如何变成懒政皇帝的呢？

原来，万历十年（1582）六月，帝师张居正病逝了，朱翊钧得以亲政。

缺乏管束的皇帝，"魁柄独持"的想法益发强烈，回想起过去张居正的严格管教，和他几乎震主的权势，便产生了厌恨的心理。在身边外戚佞小的煽动下，朱翊钧不仅沉溺于酒色之中，更是对张居正展开了疯狂的反攻倒算。这种做法，令人望之心寒。

万历十四年（1586）之后，朱翊钧荒疏于国事，鲜少上朝，后来竟至于三十年不出宫门、不理朝政、不郊不庙、不朝不见、不批不讲。自他懒政好财之后，朝中出现了争夺储位的"国本之争"，并牵扯到诸派与东林党之间的派系之争。

可以说，门户之争和广设矿监税使的做法，是导致明朝速亡的两个重要原因。

史家说，明实亡于万历，是有一定根据的。

【释评】

如果说，一国之主是百姓所依赖的人间"神祇"，那么皇帝身边的帝师、近臣，则非常人所能胜任，因为他们的言谈举止都会深刻地影响皇帝的执政态度。

在良臣俊才的辅弼之下，朱翊钧能成为贤君英主；而在好权趋利者的影响之下，他便逐渐变成"晏处深宫，纲纪废弛，君臣否隔"的懒政皇帝。

在明神宗朱翊钧的身上，便可看到他执政前后期的截然之别。

《明史》中说他蓄疑于臣，贤奸杂用，可一点没冤枉他。

【人物】

明神宗朱翊钧（1563—1620），明穆宗朱载垕第三子。起初，由于内阁首辅张居正秉政，进行了多项改革，社会出现了"万历中兴"的可喜局面。然而，明神宗后期长年懒政荒怠，以致出现国本之争、强征矿税等影响国家运转的政治问题。万历三大征，也发生在这一时期，消极、积极意义参半。《明史》曰："论者谓：明之亡，实亡于神宗。"

【原文】

不知要故，则所染不当；所染不当，理奚由至？

【译文】

不懂得为君的关键，所受的熏染就不会恰当；所受的熏染不得当，大道又从哪里来呢？

【事典】

后唐庄宗沉湎声色失天下

在五代十国期间，沙陀人在中原先后建立了后唐、后晋、后汉这三个国家。

后唐的建立者李存勖，便是第一个沙陀政权的建立者。

唐朝末年，晋王李克用带领着他的骑士兵团，受诏镇压黄巢起义，并凭此机会发展壮大。其后，与李克用为敌的朱温灭唐立梁，开启了五代的序幕；但李克用仍然奉唐为正朔，并割据太原与之对峙。

其时，朱温霸据汴州，实力明显强于李茂贞和李克用的势力。李克用在朱温篡唐的次年郁闷而死，临死前叮嘱儿子李存勖袭任晋王，并为他报仇。欧阳修在《伶官传序》中便称，李克用的三个仇人是朱温、刘仁恭、耶律阿保机。

李存勖自小便精擅骑射，长于音律，又爱读《春秋》，可以说是智勇双全之人，唐昭宗为之取名"亚子"，意指他颇类其父。果然，李存勖是个难得的军事天才，朱温为此又惊又叹，道："生子当如李亚子，克用为不亡矣！至如吾儿，豚犬耳！"

李存勖不辱父命，不仅为他报仇雪恨，还在公元923年击败后梁，建立了后唐，史称后唐庄宗。

马上得天下的李存勖，本有条件成为乱世明主，但很可惜，他并不是一个合格的皇帝。

李存勖在位不过四年，便死于"兴教门之变"中，年仅四十余岁。而发动政变的人，正是他一度宠爱的伶官郭从谦。

原来，一直长于音律的李存勖，称帝之后便沉湎于声色之中，不仅亲自登台唱戏，毫无帝君风范；又纵容刘皇后干政，大有横征暴敛之举；还毫无原则地宠信伶人、宦官，冤杀了包括郭崇韬、李存义在内的不少元勋良臣。

郭从谦，本是伶官出身，后来擢升为从马直指挥使。一直以来，郭从谦都以郭崇韬为叔父，以睦王李存义为养父。郭从谦为此心中大恨，时刻准备复仇。

同光四年（926）二月，魏博戍卒哗变，李嗣源在北上平叛的过程中，也被石敬瑭等人策反劫持，率兵南下。见此情状，李存勖不得不领军东征，但他也知势不可挽，又匆忙返回洛阳。其间，众叛亲离的李存勖，遭遇了士卒逃散的窘境。

四月间，郭从谦率所部攻入兴教门，李存勖为流矢射中，死于绛霄殿外。身边的伶人将乐器覆在李存勖的身上，火化了他。

当月，李嗣源进入洛阳，在李存勖灵前称帝，是为后唐明宗，李存勖被葬入了雍陵之中。

【释评】

史称"五代领域，无盛于此者"，这说的是李存勖的功业。

从袭任晋王到登基为帝的十多年时间里，李存勖兼并了李茂贞的岐国，灭掉了王衍（与西晋大臣重名）的前蜀，得到了凤翔、汉中及两川之地，其势远震于南方各个割据诸国，其势可谓是傲视群雄、一家独大。

然而，他本人的政治水平却与军事水平严重不对等。

即位之后，李存勖便暴露出贪恋声色、治国乏术的弱点来。究其原因，主要是他用人无方，不肯接受良臣的熏染，不懂得为君的关窍之所在。

"亲贤臣，远小人，此先汉所以兴隆也；亲小人，远贤臣，此后汉所以倾颓也。"诸葛亮早有此论断。而从兴隆到倾颓的形势，竟发生在同一个人身上，其教训便更值得后人深思记取了。

【人物】

后唐庄宗李存勖（885—926），晋王李克用庶长子，沙陀人，小字亚子。李存勖袭位为河东节度使、晋王，击败后梁、重挫契丹，大有成就霸业之象。同光元年（923），李存勖称帝建立唐，并于当年十二月灭掉后梁，定都洛阳。三年后，李存勖死于兴教门之变。庙号庄宗，谥号光圣神闵孝皇帝。欧阳修评曰："忧劳可以兴国，逸豫可以亡身，自然之理也。"

【原文】

由其道，功名之不可得逃，犹表之与影，若呼之与响。

【译文】

循着正道获取功名，功名就不会逃脱掉，这就像标杆与日影，回应与呼唤的关系一样。

【事典】

宋之问邀宠祸己

宋之问，是初唐时期极负盛名的诗人。

他的父亲宋令文，出身于乡间之间，却是个好学重义之人，最终凭借自己"富文辞，且工书，有力绝人"的优势，做到了左骁卫郎将、东台详正学士的官职。

在父亲的影响之下，宋之问、宋之悌，宋之逊这三个兄弟，都勤勉向学，各得其父之一绝。

这期间，最为出色的可能要算宋之问。他不仅文采过人，而且生得仪容不俗、风度翩翩。在那个看实力也要看脸的年代，宋之问登临龙门乃是必然之事。

上元二年（675），宋之问进士及第，自此踏上了仕途。

此时，朝中真正秉政的，是武后及其私自党。武后用人唯才是用，她将宋之问、杨炯都召入了分直内文学馆，深为信任。

后来，宋之问先为洛州参军，又入崇文馆担任学士。

至于天授元年（690）秋，武后称帝那年，敕召宋、杨二人分直于洛阳西入阁。

在后来的十五年里，宋之问以五品学士之尊，傲然于世。究其原因，一是他擅长以文学言语求宠于上，女帝游幸洛阳龙门，宋之问作《龙门应制》便是一例——时称"文理兼美，左右称善"；二是他有意献媚附于女帝的面首张易之、张昌宗兄弟，当上了尚书监丞、左奉宸内供奉，自谓"志事仅得，形骸两忘"，多有同流合污之行。

客观地说，宋之问以文求宠于上，无可厚非；但他媚附面首的做法，是十分糟糕的选择。

宋之问

身处政治旋涡之中，宋之问日后的仕途不可能一帆风顺。

神龙元年（705）正月，张柬之与王同皎等人逼退武则天，诛杀二张，奉立唐中宗李显。

骤然间失去了靠山，宋之问等人皆遭贬黜。其后，宋之问因擅长谄媚，而再度势起，但因为他不吸取经验教训，又倾附于安乐公主，而遭到太平公主的记恨打击。

景龙三年（709），宋之问下迁为越州长史。

次年，临海郡王李隆基联合太平公主，诛杀韦后、安乐公主，并迎立唐睿宗李旦，将宋之问流放至钦州、桂州。

两年后，李隆基即位，是为唐玄宗。想起宋之问的斑斑劣迹，他将对方赐死在徙所里，毫不留情。《新唐书》中说是赐死于桂州。

【释评】

从诗歌创作的角度而言，宋之问无疑是初唐时期重要的诗人，但我们若从政治、人品的角度去看，他又是一个急功近利、自取灭亡的小人。

关于功名富贵与获取途径的关系，孔子曾说："富与贵，是人之所欲也，不以其道得之，不处也；贫与贱，是人之所恶也，不以其道得之，不去也。"

　　一个人一旦不行仁道，那就会丢失安身立命的基础，背弃生活的原则。

　　不循着正确的途径得来的功名，必然行而不远，至多让你"过把瘾就死"。

【人物】

　　宋之问（约656—约712），字延清，弘农人，在初唐诗坛上与沈佺期并称"沈宋"，对律诗的发展做出了很大的贡献。宋之问在政治上没有突出的表现，品行方面更每每遭人讥刺，不仅有趋炎附势等行为，更传出过"因诗杀人"的丑闻（一说，无此事）。《渡汉江》是宋之问的代表作。

【原文】

　　名固不可以相分，必由其理。

【译文】

　　名声本来就无法相混淆，一定是有它的道理由来。

【事典】

辛弃疾赢得生前身后名

　　辛弃疾出生之时，宋朝已处于金瓯半缺的情况。

　　迫于生计，辛弃疾祖父辛赞虽在金国任职，但不忘收复山河之志。受到祖父的影响，加上自小就目睹汉人遭受凌虐的情形，辛弃疾在很小的年龄时就立下了一桩宏愿——恢复中原、一洗国耻。

绍兴三十一年（1161）时，金主完颜亮挥鞭南下，企图消灭南宋政权，占区的汉族百姓趁势而起，发起抗争。

此时，年仅二十一岁的辛弃疾也召集了两千人，加入了耿京所领的义军，并在其间担任掌书记。在他的身上，闪烁着侠义的光芒，好似古时的燕赵奇士。

那一头，完颜亮死于内部矛盾之中；这一头，辛弃疾担负起了联络南宋朝廷的任务。

没想到，就在他归返之时，才得知耿京已为叛徒张安国所杀的噩耗。耿京死后，二十万义军也溃散如沙，有的死，有的逃，有的散，有的甚至跟着张安国投降金军。

辛弃疾心中大恸，但清楚地知道，悲伤已无济于事。

为了惩治叛徒，重聚士气，他决定亲擒张安国。

二月里某个月黑风高之夜，辛弃疾瞅准时机，一马当先地冲进了州府帐营中。

当是时，张安国正在跟金将们把盏言欢，完全反应不过来。辛弃疾也不逗留，抓起张安国便扔到了马背上，迅速捆缚后，便疾驰而出。这一次，他只带了五十骑兵。

就在金人们目瞪口呆之际，辛弃疾已高声召唤起耿京的旧部来。士兵一听说朝廷已派出大军的说辞，立马骚动起来，纷纷聚拢过去，一同出走。假作真时，金人不敢追击，只得原地聚兵迎战。如此一来，他们失去了最佳的追击时机，而辛弃疾也凭此壮举名重一时。

入朝之后，辛弃疾在《美芹十论》《九议》等文中，陈说抗金北伐的建议，其中不乏真知灼见。可惜的是，宋高宗赵构、宋孝宗赵昚虽然一主和、一主战，但秉着慎用"归正人"的思想，都没有真正赏识他、重用他。

实际上，这位智勇兼具的文武全才，想要的不是江西、湖北、湖南转运使这类的任职，而是在战场上纵横驰骋、杀敌报国的机会。

南渡二十年，怀才不遇的辛弃疾，从睡梦中惊起后，写下一首《破阵子》寄给好友陈亮："醉里挑灯看剑，梦回吹角连营。八百里分麾下炙，五十弦翻塞外声。沙场秋点兵。马作的卢飞快，弓如霹雳弦惊。了却君王天下事，赢得生前身后名。可怜白发生。"

【释评】

好友陈亮，曾说辛弃疾是"眼光有棱，足以照映一世之豪。背胛有负，足以荷载四国之重"的英雄。众所周知，此人是一位关心民族命运的爱国词人。

这份爱国情怀本是底气十足的，这是因为他不仅文采过人、谋略出众，还拥有非同一般的武力，年轻时生擒张安国一事，便是一大证明。

倘若得用，辛弃疾必能将他的满腔激情投入到抗金大业之中，做出一番成就来。

不过，虽说辛弃疾始终壮志难酬，但因他存着这份"了却君王天下事"的忠诚之志，也为他赢得了可钦可敬的"生前身后名"。

【人物】

辛弃疾（1140—1207），字幼安，号稼轩，山东济南人，南宋杰出的豪放派词人。辛弃疾少年时以壮举归宋，在《美芹十论》《九议》中列陈北伐抗金的建议，但只被安置在地方担任文职。他长期退隐山居，后在开禧年间被起用为绍兴知府、镇江知府等，但其主张仍未施行。后辛弃疾被赠为少师，谥号忠敏。陆游评曰："大材小用古所叹，管仲萧何实流亚。"

【原文】

流水不腐，户枢不蝼，动也。

【译文】

流动的水就不会腐恶变臭，转动的门轴也不会生虫受蛀，这是因为它不断运动的缘故。

【事典】

陆游热爱运动享长寿

南宋诗人陆游，一向热爱运动。

一首《饭三折铺铺在乱山中》，可为一证。诗中说："平生爱山每自叹，举世但觉山可玩。皇天怜之足其愿，著在荒山更何怨。南穷闽粤西蜀汉，马蹄几历天下半。山横水掩路欲断，崔嵬可陟流可乱。春风桃李方漫漫，飞栈凌空又奇观。但令身健能强饭，万里只作游山看。"

从诗意不难得见，陆游很喜欢爬山。在他看来，爬山既是审美的需要，又能达到强身健体的功效，可谓是一箭双雕。

除了爬山以外，陆游还喜欢蹴鞠、下棋等运动。关于前

陆游

者，他在《晚春感事》中写道："少年骑马入咸阳，鹘似身轻蝶似狂。蹴鞠场边万人看，秋千旗下一春忙。"

关于后者，他在《杜门》中讲述了他忙碌的一日。在一个岁暮的白天里，他先是"笕水晨浇药""烧灰除菜蝗"，再是"送芋谢牛医"。到了晚上，陆游有了闲时，便过上了"灯窗夜覆棋"的生活。

如果说蹴鞠是较为剧烈的运动，那么下棋则是相对舒缓的脑部运动。陆游的运动人生，可说是极富情趣，而又动静相参。

从"笕水晨浇药""烧灰除菜蝗"两句中，也不难看出，陆游平时还从事农作。农作，其实也是一种运动。"卧读陶诗未终卷，又乘微雨去锄瓜""行遍天涯千万里，却从邻父学春耕"，这些诗句都是陆游对农作生活的诗意描写。

与农活相应的，便是家务活。有诗为证："一帚常在旁，有暇即扫地。既省得堂奴，亦以平血气。按摩与导引，虽善亦多事。不如扫地去，延年直差易。"

这首《扫地诗》写得盎然生趣——扫地是一种好运动，不用请钟点工，不用花不必要的钱，还大利于健康。

果然，"流水不腐，户枢不蝼，动也"。

【释评】

陆游的存世诗歌多达九千余首，这固然与其旺盛的创作力有关，但也和他高于常人的寿命分不开。

有道是，"人生七十古来稀"，陆游祖辈中并无高寿之人，而他享年八十五岁，且身体强健，这主要是因为他热衷于运动。

再看隐世诗人邱为，他活了九十六岁。其人事迹虽然不详，但见他诗中所写的"绝顶一茅茨，直上三十里"，也能想象他时常攀山涉水。

您看，峰峦绵绵，流水采采，其中汇聚着多少大自然的灵气！诗人们时常在山水之间徜徉，很自然地，他们的肢体得到了锻炼，灵魂也得到了陶冶，生活便能变得健康而有趣。

【人物】

陆游（1125—1210），字务观，号放翁，越州人，南宋文学家、爱国诗人。陆游在孝宗年间入仕为官，因坚持抗金主张而为主和派所不容。其后，陆游投身军旅之中，又入蜀为官。在光宗、宁宗两代，陆游仕途跌宕，在主持了编撰工作之后，长年隐居山阴。同为"中兴四大诗人"的杨万里，评价陆游的诗作，称："君诗如精金，入手知价重。"

【原文】

故欲胜人者，必先自胜；欲论人者，必先自论；欲知人者，必先自知。

【译文】

所以，想要制服他人的人，一定要先克制自己；想要品评他人的人，一定要先评论自己；想要懂得他人的人，一定要先了解自己。

【事典】

夏君启感化有扈氏

有扈氏，是夏朝时的一个部落或是酉邦。

黄帝以后，在黄河流域的部落联盟里，尧、舜、禹，都将首领之位禅让给贤德之人，这种做法一直为人所称道。但是，禹却传位给了儿子启，一开世袭制的先河。

一夕之间，"公天下"变成了"家天下"，对此，很多人都心存不满。启即位后，在钧台大宴部落、酉邦的首领。有扈氏打心眼里瞧不起启，拒绝出席会议。

为了挽回颜面，启便以"恭行天之罚"的名义，率众讨伐有扈氏。

作战之前，在甘泽宣誓，《尚书》中记下了当时的誓师词："嗟！六事之人，予誓告汝：有扈氏威侮五行，怠弃三正，天用剿绝其命，今予惟恭行天之罚。左不攻于左，汝不恭命；右不攻于右，汝不恭命；御非其马之正，汝不恭命。用命，赏于祖；弗用命，戮于社，予则孥戮汝。"

言辞铿然，极具号召力，但可惜的是，一场恶战下来，夏君启没有获胜。

当此情形，六卿请求再战，思忖之后，夏君启却摇摇头，道："不行。我们不能再战。"他又解释说，夏朝的土地和他所拥有的人民都不少，但为何却不能战胜有扈氏呢？原因只有一个，就是他的恩德实在不厚，给予百姓的教化也不够。

回去之后，夏君启十分注重克己复礼、修身养德。

他的居处，从不用两层席；他的饮食，从不用多种菜蔬；他的生活，从不设琴瑟钟鼓；他的子女，从不注重修饰装束。此外，夏君启以身作则，既能做到尊亲孝长，又能注意重贤任能。

夏君启励精图治，德能配位，终于感化了有扈氏，一年之后，对方诚心归服。

【释评】

《尚书》云："人心惟危，道心惟微，惟精惟一，允执厥中。"

这句话，是舜帝告诫继任者大禹时所说的。大意是说，人心危险叵测，而道心却又幽微难明，所以我们只有全心精诚地秉守中正之道，才能成为一代贤主，治理好国家。

《吕氏春秋》中举夏君启收复有扈氏的例子，来论证"欲胜人者，必先自胜"的道理，这是十分贴切的。为了能达到巩固政权、治理国家的目的，夏君启起初确实是一个极度克制的人。唯其如此，他才能使自己变得"允执厥中"，行为世范。

不过，后来的夏君启，却时有"淫溢康乐""湛浊于酒、渝食于野"等薄行，令人深觉失望。在夏君启的统治晚期，之所以产生"武观之乱"，也与之不无关系吧！

【人物】

夏君启，姒姓，也称夏启，是夏朝的第二任君王，生卒年不详。自启而始，中国社会步入了奴隶社会阶段。启迁都安邑，又收服了有扈氏，巩固了政权。晚年时，启的儿子们争夺帝位，姒武观被放逐到西河。有学者称，启"顺利地实现从禅让走向世袭，实在是众望所归，他无疑是历史一个重德修贤的圣明君主"。武则天尊之为"齐圣皇帝"。

【原文】

主执圜，臣处方，方圜不易，其国乃昌。

【译文】

君主掌握圆道，臣子处守方道，只有方圆二道不颠倒改变，国家才能昌盛。

【事典】

韩琦方道处庙堂

韩琦，是北宋时的名臣。

他出身于世宦之家，三岁时失去了父母，而由诸兄扶养至成年。

天圣五年（1027）时，韩琦考中进士，步入仕途。九年后，担任右司谏的韩琦，恪尽职守、诤言谠议，史载他"凡事有不便，未尝不言，每以明得失、正纪纲、亲忠直、远邪佞为急，前后七十余疏"。

宝元元年（1038），嘉州判官石介编撰了《三朝圣政录》，请韩琦给他提意见。三朝，说的是太祖、太宗、真宗三朝。石介的职位虽然卑微，但他却有感于"太祖作之，太宗述之，真宗继之"的太平之业，忍不住提笔书写。

韩琦肯定了他希望"开助后圣而垂之无穷"的用意，也认真审核了全文，并为之撰写了序言，但提出了一些修改意见。在韩琦看来，有几件事不可被录入其间，应予删除。

其中一个典型事件是，太祖起先十分迷恋一个宫女，以致耽误了上朝时间。当他得知臣工对此有所訾议事，便趁宫女熟睡时杀了她。

韩琦说，宫女并没有错，而招致无妄之灾，所以这种事不是什么"圣举"，非但不能成为万世效法的典范，还会起到反作用。石介闻言大悟，其后便删去了与此类似的帝王之事。对于韩琦精到的见识、端方的态度，石介钦佩不已。

在康定元年（1040），以坚守方正著称的韩琦，为了应对李元昊进犯延州的困局，韩琦特意举荐被贬越州的范仲淹为安抚使夏竦的副手。因此，韩琦与范仲淹同时被委任为陕西经略安抚副使，一个主持泾原路，一个主持鄜延路。

在对西夏的用兵策略上，夏、韩、范三人存在一些分歧，宋仁宗赵祯采纳了韩琦的计策。好水川战败后，三人皆遭贬黜。这年底，朝廷又接受了范仲淹的建议，命令韩、范二人屯驻于泾州，共守西陲。

经过之前的战略失败，此时的韩琦虚心听取范仲淹的守议，与之齐心合力地镇守在边疆。一时间，百姓为之归服，西夏也心生畏忌，不敢轻犯。

于是，韩、范二人被朝廷视为今之长城，边塞上渐渐传出"军中有一韩，西夏闻之心骨寒；军中有一范，西夏闻之惊破胆"的歌谣。

【释评】

石介不仅编撰了《三朝圣政录》，还在《庆历圣德诗》中称赞韩琦是一个"有奇骨，其器魁落"之人，这是说，韩琦一贯秉守方正，是一个立场鲜明、磊落大方的人。

熙宁二年（1069）时，王安石着手进行变法。韩琦虽知宋神宗信任王安石，但仍上疏反对青苗法，说这种做法不能达到抑制兼并的初衷。因着韩琦的"魁落"，宋神宗也深以为然，说他是忠臣贤官。其后，得知奏疏被王安石逐条批驳，韩琦毅然上疏申辩，接着又对免役法、市易法等提出了质疑。

其实，在变法之初，新旧两党的矛盾，不似后来那般有着太多利己的考量。大臣们大多有自己的原则和理念，可叹的是，他们没能达成共识。

【人物】

韩琦（1008—1075），字稚圭，号赣叟，相州人，北宋政治家，与范仲淹并称为"韩范"，又与富弼齐名，谥号"忠献"。韩琦历任三朝、为相十年，在防御西夏、庆历新政等军事政治领域，都做出了杰出的贡献。欧阳修评曰："临大事，决大议，垂绅正笏，不动声色，措天下于泰山之安，可谓社稷之臣。"

第二卷·夏纪：礼乐教化利于行

【题解】

《吕氏春秋》里的《夏纪》以下，为《孟夏纪》《仲夏纪》《季夏纪》三部分，每纪皆为五篇，共计十五篇。总的来说，《夏纪》讨论的是教育道理和音乐理论的话题，这是因为，依照五行之说，属火的夏季是一个万物持续生长，渐臻繁茂旺盛的季节，这个阶段最宜于"以文化人"。正因如此，著者也继续阐证了"宽厚为政"的观点。以书中之言，在这个季节，是"不可以兴土功，不可以合诸侯，不可以起兵动众"的。

学者师达而有材，吾未知其不为圣人。

（《吕氏春秋·孟夏纪第四·劝学》）

凡说者，兑之也，非说之也。

（《吕氏春秋·孟夏纪第四·劝学》）

能全天之所生而勿败之，是谓善学。

（《吕氏春秋·孟夏纪第四·尊师》）

义之大者，莫大于利人，利人莫大于教；知之盛者，莫大于成身，成身莫大于学。

（《吕氏春秋·孟夏纪第四·尊师》）

人之情，不能乐其所不安，不能得于其所不乐。

（《吕氏春秋·孟夏纪第四·诬徒》）

物固莫不有长，莫不有短。人亦然。故善学者，借人之长以补其短。

（《吕氏春秋·孟夏纪第四·用众》）

天下无粹白之狐，而有粹白之裘，取之众白也。

（《吕氏春秋·孟夏纪第四·用众》）

欲之者，耳目鼻口也；乐之弗乐者，心也。

（《吕氏春秋·仲夏纪第五·适音》）

故治世之音安以乐，其政平也；乱世之音怨以怒，其政乖也；亡国之音悲以哀，其政险也。

（《吕氏春秋·仲夏纪第五·适音》）

是故闻其声而知其风，察其风而知其志，观其志而知其德。

（《吕氏春秋·季夏纪第六·音初》）

精准提要

- 启蒙老师之所以重要，是因为他用生命唤醒了另一个生命。

- 以柔克刚的智慧，同样适用于劝说他人。

- 唯淡泊宁静，可保全人的本质，秉守人的天性。

- 仁义是可以传承的，善心是可以传递的。

- 同一个太阳，能够让每片叶子都焕发出它的光彩。

- 一个善学的人，往往都具备取长补短的心态。

- 荟萃众人的智慧，成就自己的圆满。

- 遇事若分不清轻重缓急，便很容易为外在的感官所支配。

- 教化的好坏，直接反映在对音乐的审美趣味上。

【原文】

学者师达而有材，吾未知其不为圣人。

【译文】

从师学习的人，要是他的老师通达，而且自己也富有才能，我没听说这种人不能成为圣人的。

【事典】

娄谅点化王阳明

黄宗羲在《明儒学案》中说道："姚江之学，先生为发端也。"这里所说的"姚江之学"，便是闻名中外的心学；而这个先生，指的正是娄谅。

原来，明朝著名的理学家娄谅是王阳明的启蒙老师，他对王阳明的教诲，是促使对方走上求圣之路的一个重要原因。

王阳明

早年，娄谅便有志于成才求圣。为此，他曾拜在崇仁学派的思想家吴与弼的门下。当时，陈献章、胡居仁都是他的同门，后来也成为赫赫一时的学者、理学家。

娄谅出山之后，回到老家江西上饶，与弟弟娄谦从事讲学之业，并著有《日录》《三礼订讹》《诸儒附会》《春秋本意》等著作，一时间盛名远播，对此王阳明也有所耳闻。

弘治二年（1489）时，新婚不久的王阳明护送妻子回浙江余挑，途经上饶，便去拜望崇仰已久的学者娄谅。

在此之前，王阳明一直聪明有志，想建立种种事功，以成其圣人之道。他甚至还做过一些为父所不容的荒唐事，比如，出游居庸关，渴冀投笔从戎；在道观谈道，贻误了婚时。

此时，王阳明的心中虽有浇不灭的热情，但对于成才求圣的途径，却十分迷茫。好在，他拜谒了娄谅。

黄绾在《阳明先生行状》中记载道："谒一斋娄先生（娄谅），异其质，语以所当学，而又期以圣人，为可学而至，遂深契之。"

当年，娄谅求师之时，便抱着一种"以身体力验，只在走趋语默之间，出作入息"的态度，时日一长，便能达到"刻刻不忘，久之自成片段"的效果。

如今，娄谅也将他那种刻苦勤勉、踏实自守的精神传递给了王阳明，授之以宋儒格物之学，启发他要坚信"学而至"的道理。

自此以后，王阳明日夜苦读圣贤之书，一改之前的"思而不学"的态度，大有所获。

王阳明的父亲王华，是成华十七年的状元。对于这个浮躁的儿子，王华一贯头疼，但后来他回到老家时，让他的从弟和妹婿与王阳明讲析经义，便发现他已非昔日可比。再观其学习态度，乃是"白天随众课业，夜间则搜取诸经子史读之，多至夜分"。

老师通达明澈，长于点化，自己又勤勉向学、才能过人，无怪他能在圣业上突飞猛进了。

【释评】

关于王阳明，非常有名的一个事件，是"守仁格竹"。

启蒙老师娄谅曾对王阳明讲授"格物致知"之学，为了弄清楚宋儒所说的"物有表里精粗，一草一木皆具至理"的学说，王阳明一连"格"了七天七夜的竹子，不但没有所获，还因此被竹子"格"病了。

对此，有人叹惋，有人批评，说宋儒瞎扯胡编，其说毫无疑义。

但我们必须看到，正是在格竹失败的情况下，王阳明才对宋儒之学产生了怀疑。根据后世心理学上"试错"的理论，可以说，没有娄谅的点化，没有格竹的失败，便也不会有后来龙场悟道时的豁然贯通。

不管怎么说，娄谅之所述虽有局限，但他那套"期以圣人，为可学而至"的思想，的确启发了王阳明这个极有慧根的学生。

【人物】

王阳明（1472—1529），即王守仁，字伯安，号阳明，浙江绍兴人。王阳明与孔子、孟子、朱熹并称为"孔、孟、朱、王"，他是陆王心学的集大成者，其"知行合一"等学说远播于友邦，成为明代影响最大的哲学思想。王阳明又因平定宸濠之乱而被封为新建伯、赠为新建侯。王士祯评曰："王文成公为明第一流人物，立德、立功、立言，皆居绝顶。"

【原文】

凡说者，兑之也，非说之也。

【译文】

但凡说教，应该使对方心情愉悦，而不是硬性向他说教。

【事典】

触龙说赵太后

公元前265年，赵惠文王赵何薨。

赵孝成王赵丹即位，年纪尚小，便由赵太后摄政。

虽然说中国一直有"兵不伐丧"的传统，但秦国却不管这一套，反而加快了进攻赵国的步伐，以迅雷之势占去了赵国三座城池。无奈之下，赵太后急向友邦齐国求救。

对此，齐国表态道：只有长安君过来做人质，他们才能派出援兵。长安君，是赵太后的小儿子，因为封国于长安，故曰长安君。

听罢这话，赵太后面有怒色，坚决不从。见着大臣们纷纷劝谏的阵势，赵太后阴沉着脸道："若有人敢再说让长安君去做人质，我必朝他面上吐口水！"

国家的危机日甚一日，但赵太后素性顽固，又这般

触龙

溺爱长安君，这可如何是好？左师触龙冒着"唾面"的危险，准备面见赵太后。

果然，赵太后横眉怒目地等着他。触龙故意慢跑过去，对赵太后道歉说他因为腿脚不便，久久未能来看望她。赵太后一听这话，心里舒坦了不少，便说："我全靠坐车走动。"

触龙又问候了赵太后的饮食起居，见她面色转霁，才为自己的儿子舒祺讨要职位——替补黑衣卫士的空额。赵太后痛快地答应了他，还问："男人也疼爱小儿子吗？"

一见话题由寒暄过渡到子女，触龙心里便乐了，他要的正是这个效果。

他们的话题，从"男人还是女人更疼爱小儿子"，说到"比起长安君来，太后更疼爱出嫁的女儿燕后"，再说到"诸国之后，无有继承爵位者"。

最后，触龙说："但凡祸患，来得早的会降临到自己头上，来得晚的就会让子孙领受其滋味。这么说吧，难道国君们的子孙都不好吗？不见得。但是，因为他们位高而无勋，禄厚而无劳，所以才招来了祸患！如今，赵太后您把长安君的地位提得那么高，也给了他较多的肥土珍宝，倘若您不趁着国难之机让他为国立功，一旦您某日不能庇佑他了，他又凭什么在赵国立足呢？太后啊！臣以为，您为长安君谋划得太少了，远不及您对你燕后的心思。"

触龙这番推心置腹的言辞，终于打动了赵太后。霎时间，她明白了"不能无功受禄"的道理，最后同意将爱子长安君派往齐国为质。

在这个故事里，触龙为后世贡献了很多的金句。

"父母爱子，则为之计深远"，这是说，真正疼爱子女，是要替他谋划深远，而不该看重眼前的温情脉脉。"此其近者祸及身，岂人主之子孙则必不善哉？位尊而无功，奉厚而无劳，而挟重器多也"，这是说，在其位而不谋其政、无所作为的人，迟早会遭遇灾殃，痛失其位。

强敌压境之时，面对不谙大局、专横独断的赵太后，触龙顺着太后的性情往下说，先与之闲话家常，使之心情愉悦；再推心置腹地论及子女教养之道，引其入彀。触龙层层推进的劝谏方式和以柔克刚的说教智慧，至今仍值得借鉴。

【人物】

触龙，战国时赵国的大臣，官为左师。"左师"一职，在宋、赵等国属执政官，因列于朝堂之左而得名。赵孝成王初立，赵太后摄政，秦国趁势攻赵。赵太后不肯将爱子长安君送往齐国为质，以换取对方的援助。关键时刻，触龙因势利导，成功说服了赵太后，解除了赵国的危机。

【原文】

能全天之所生而勿败之，是谓善学。

【译文】

能够保全天赋予的人性，而不使它受到伤害，这就可以称作善于学习。

【事典】

胡居仁淡泊向学

"苟有恒，何必三更眠、五更起。最无益，莫过一日曝、十日寒。"这是明朝思想家胡居仁的一副自勉联。

关于学习，胡居仁认为，只要有恒心，便能在自己涉足的领域有所造诣，根本不用"三更眠、五更起"这样近乎自虐的方式。事实上，他就是善于学习的一个典范。

胡居仁很小的时候，便显现出过人的天分。在启蒙老师干淮游那里，胡居仁系统地学习了《春秋》，后来他坚持不懈地阅读包括诸子百家、楚辞汉赋、唐诗宋词在内的众多书籍。博涉文史的经历，使得胡居仁眼界敞亮、底蕴丰厚。

成年之后，胡居仁拜在崇仁硕儒吴与弼的门下，研读儒家经典，在程朱理学之上造诣很深。当时，胡居仁最能谨守师业，他对陈献章的异见新说颇有微词。

胡居仁认为，陈献章对理学的理解只浮于表面，并未践履其行，故此其所持的观点不过是空见罢了。更重要的是，陈献章所谓"物有尽而我无尽"的主张，乃是禅佛教的心性之说，不合于儒学之要旨。

关于二人在学术上的分歧，后人各有看法，黄宗羲在《明儒学案》中称，二人的观点看似是一个保守，一个激进，但又冥相契合，各有所长，且是二人不同性情的体现。

所以说，不管是弘扬正统朱子学说，还是另辟蹊径，都有其值得肯定的地方。

不过，分歧归分歧，胡居仁与陈献章的关系还是十分融洽的，崇仁学派的弟子们时有交游踏青，吟诗作赋的活动。在这些同门之中，为官者也有一些比例，但胡居仁对于仕途却毫无兴趣。对他而言，平生所爱，只有学问；平生所擅，唯有学习。

当时，明英宗朱祁镇、明代宗朱祁钰交替执政，其间发生了如土木之变、南宫夺门、冤杀于少保等重大历史事件。这应该就是胡居仁淡视政治、无心仕宦的主要原因了。

胡居仁不求闻达于世，唯以布衣为乐，一直从事教育工作，他将他严谨求实、学以致用的思想传递给学生，还主持了白鹿洞书院，成为明朝程朱理学的重要代表人物。

【释评】

往往在淡泊宁静的氛围中，人越发容易秉守自己的天性。

这样的人，才有足够的能量抵拒外物的诱惑，对抗身体的惰性，持之以恒地钻研本业，如此方可在学业、事业之上有更大的精进。

胡居仁之为学，讲究"工夫本原，只在主敬存心上""义理强穷索，便有滞碍，须涵泳体验，默识而心通之"，可见其保全天赋，遵循自然之道的学习理念。

【人物】

胡居仁（1434—1484），字叔心，号敬斋，余干人，明朝著名的理学家。胡居仁幼时被誉之为"神童"，后师从吴与弼，与陈献章、娄谅是为同门，其崇仁学派名盛一时。胡居仁研究程朱理学，致力于授学布道，著有《胡文敬公集》《易象抄》《居业录》《居业录续编》等著作。万历年间，胡居仁追谥文敬，从祀文庙。

【原文】

　　义之大者，莫大于利人，利人莫大于教；知之盛者，莫大于成身，成身莫大于学。

【译文】

　　仁义这种事，没有比带给人利益更大的了，而带给人利益最大的，没有能超过教育的了。智慧这种事，没有比修身养性更大的了，而修身养性最重要的，没有能超过学习的。

【事典】

苏轼谪居儋州兴教育

　　在文学之上，苏轼继之于欧阳修，成为北宋文坛的盟主，但在仕途之上，命运多舛，屡遭贬谪。绍圣四年（1097），苏轼又被贬谪到了儋州这个荒僻之所。这一年，他已经六十二岁了。

苏轼

　　儋州，便是今日的海南岛，在北宋的时候，儋州还是未经开化的地方，以不杀文官著称的朝廷便把放逐岭南、儋州作为对罪臣的最大惩罚。

　　经历乌台诗案后，苏轼逐渐拥有了超然物外的心态。故此，"黄州、惠州、儋州"于他而言，不过是生命中的又一次远行罢了。此时的苏轼，把儋州当作自己的第二故乡，自云"我本儋耳氏，寄生西蜀州"，一边继续自己的诗酒生活，一边用心经营儋州这块僻壤。

在这里，他与当地百姓一道种田筑路，现今我们还能看到东坡村、东坡井、东坡田、东坡路、东坡桥、东坡帽等，可见，儋州百姓对苏轼的崇敬之心，自古未易。

最令百姓铭感于心的，则是苏轼对于本地文化的播种和开拓。

宋朝号称文人的天堂，这是因为，科举考试的录取比例比较高，但即便如此，儋州却从无一人进士及第（一说，只出过一位进士）。苏轼来到儋州之后，便致力于本地的教育工作，排除万难地兴办学堂，以求"以诗书礼乐之教转化其风俗，变化其人心"。

在朋友的帮助下，苏轼建成了桄榔庵，而后又将其改名为"载酒堂"，作为自己讲学明道的学堂。苏轼开馆授徒，不久以后，学子们不远千里前来求学，儋州呈现出"家习儒风，青衿之士，日以增盛"的新风貌。

苏轼门生众多，其中以"词义兼美"的唐佐、"博通经史，才识超群"的符确等学子，最得苏轼的称赏。前者，曾得到老师的"沧海何曾断地脉，白袍端合破天荒"的点评，并成为儋州中举的第一人；后者，则在大观三年（1108）殿试及第，成了儋州历史上第一位进士。

虽然说，苏轼在有生之年没见到学生们的大成就，更不可能看见后世儋州教育的盛况—明朝共出了74名进士、317名举人，清代也出了31名进士、178名举人，但历史会铭刻他的名字，百姓会铭记他的贡献。

【释评】

关于创作，有句话说，"国家不幸诗家幸"；而有关教育这样的经国大事，儋州百姓则说，"东坡不幸海南幸"。这样的评论，是对苏轼在儋州所做贡献的最大褒赏。

唐佐中举之后，苏轼已经病故了。这位苦苦觅寻恩师的后生，在汝阳遇见苏辙时，不由得感慨万千、泣下沾襟。苏辙便在"沧海何曾断地脉，白袍端合破天荒"之后，续上了"锦衣他日千人看，始信东坡眼力长"两句。

至于符确，晚年时回到故里，还在当地兴办教育，建起了一个兴贤坊，以鼓励晚生后辈。很显然，他是在效法老师的仁义之举。

所以说，仁义是可以传承的，善心是可以传递的。

【人物】

苏轼（1037—1101），字子瞻，号东坡居士，眉山人，继踵欧阳修成为北宋的文坛领袖。苏轼进士及第后，前途无量，但因与变法意见相左，自请外任。后又遭受"乌台诗案"，被贬为黄州团练副使。随两党的交替执政，其命运时起时落，最远被贬至儋州。宋孝宗赵眘称："赠太师谥文忠苏轼，忠言谠论，正朝大节，一时廷臣无出其右。"

【原文】

人之情，不能乐其所不安，不能得于其所不乐。

【译文】

人之常情，不能喜欢令自己不安心的事物，不能从不喜欢的事物中有所得益。

【事典】

孔门诸生畅谈理想

有一次，子路、曾皙、冉有和公西华，陪侍在孔子身侧，彼此亲密无间，其乐融融。

孔子有意询问他们的志向，便笑眯眯地说："为师年龄老迈，已经没人任用我啦！将来的时代还是你们的。假如说有人了解你们，那么你们都打算做些什么事情呢？"

子路素来个性直率，便不假思索地答道："现在有一个拥有千乘兵车的国家，在外它遭受了大国的威胁，在内又遇到饥馑的惨况。如果我有机会治理这个国家，一定要在勇力和教化方面下功夫，相信只需要三年的时间，便能让他们具有保家卫国的兴趣，而且还谙熟做人的道理。"

孔子没有评论，只是对子路意味深长地一笑，转而问冉有的想法。

冉有谦虚地道："如果我能有幸去治理一个方圆六七十里或者更小一点的国家，我希望通过我的努力，能让他们在三年之内富裕起来。我觉得我还没有能力去振兴礼乐教化，这个就等待那些贤人君子来施展。"

孔子又问公西华的看法，他更加谦虚地说："我不敢说能做些什么，但愿意多去学些有关宗庙祭祀、诸侯会盟及朝见天子的礼仪。那时，我会穿上礼服、戴好礼帽，做足一个小小司仪的本分。"

第二卷·夏纪：礼乐教化利于行

孔子见曾皙一直没有说话，只是默默地弹瑟，便问他的看法。

曾皙这才放下瑟，恭敬地回答道："我不擅为政，和师兄弟们的看法不同。"

孔子便鼓励他，道："那有什么关系呢？大家都是在说自己的人生志向，无不可言。"

曾皙这才说道："我的理想是这样的：到了暮春之时，天气和暖非常。在春耕结束之后，我想和五六个成年人、六七个少年，一起去沂水游泳，去舞雩台吹风，然后唱着歌儿愉快地回到家中。"

他的理想似乎确实不关政治，但孔子长叹道："曾皙的想法很好啊！为师十分赞同！"

等到那几个学生都出门了，曾皙才不解地询问老师对师兄弟们理想的看法，又问他为何要会对子路露出那样意味深长的笑意。

孔子便回答道："但凡治国之事，都需要用礼，可子路的话语中，毫无谦让之意，想来也不可能做到'以礼治国'。冉有所说的小国之事，其实都是大事；而公西华明明可以做大相，却只想去做诸侯的小相，未免太过自谦了。"

孔子虽然只赞同曾皙的看法，但给学生们创设了一个和谐安适的教育氛围，使他们乐于去学习和思考。

【释评】

子曰："知之者不如好之者，好之者不如乐之者。"

作为老师，如何引导学生，多一些"乐"的精神呢？应该说，还是要让他们的心性得以安定，他们的喜好得以广益。如此，才可能乐之、学之，进而得之。

当然，必须注意的是，老师一定要营造一个宽松而不失原则的学习氛围，用以来发展学生们的个性特点。不亲其师，无法想象学生们能听信其道。

世界上没有两片相同的树叶，冉有此人在道德上的修养也许比不上颜回，但他那非比寻常的政治才华，却也是一般人望尘莫及的。这都多亏了孔子的教诲。

【人物】

冉有（前522—？），即冉求，字子有，鲁国人，擅长政务、精于理财，曾为季氏之宰臣。冉有曾经抵抗齐军获胜，又说服季氏迎回老师。对于冉有协助季氏改革敛财的做法，孔子予以了严厉批评。经受教育之后，冉有的性情臻于完美，成为孔门七十二贤之一。孔子认为，子路、子贡、冉求皆可从政，而他们的优点分别是果、达、艺。

【原文】

物固莫不有长，莫不有短。人亦然。故善学者，借人之长以补其短。

【译文】

事物原本无不有长处，也无不有短处。人也是这样。因此，擅长学习的人能取他人的长处来填补自己的短处。

【事典】

梅兰芳拜师学画

众所周知，梅兰芳是著名的京剧大师。

因其他在京剧艺术上的造诣，盖过了他在其他方面的成就，所以很多人都不知道，梅兰芳其实在绘画上也颇有研究，堪称一位丹青妙手。

起初，京剧剧作家罗瘿公，引着梅兰芳走上了绘画一途，他把自己的绘画老师王梦白介绍了过去。此时，梅兰芳已是京剧界颇负盛名的人物了，但在绘画方面，他却是一个外行，因此，他一直十分谦虚地向老师学习。

此后，每到周一、三、五，王梦白都会过来亲自教授梅兰芳。

随着梅兰芳画艺的提高，王梦白又给他引荐了许多绘画界的大师。至此，梅兰芳沉迷于画道之中，他与陈师曾、齐白石、凌文渊、陈半丁等名家都有密切的往来。

为了成功拜师，梅兰芳时常为齐白石磨墨铺纸，周到细致地执弟子之礼。某一次，师徒俩都要去一户人家做客。因为齐白石装束简单的原因，并未引起宾客的注意；而梅兰芳却挣开了如流的人潮，去向老师致意问安。

几天后，梅兰芳又特意送给齐白石一幅《雪中送炭图》，并在其上题诗道："记得前朝享太平，布衣尊贵动公卿。如今沦落长安市，幸有梅郎识姓名。"

齐白石尊师重道，也必然能取人之长，以补己之短。日子一久，原先的不足之处，也能有所增益。

在绘画方面，梅兰芳尤爱画梅。在他为数不少的画梅的作品中，他习惯以干湿对照的笔法，来突出梅的浓淡相映。为了表现梅枝，他采用了很多的技法，有时运用枯笔来皴染虬枝，有时纯用黑白来描画细节。

取人之长，擅长学习的梅兰芳，在绘画方面最终有了长足的进步。

【释评】

子曰："三人行，必有我师焉。"令人称道的是，齐白石不仅拜名家为师，来学习画艺；也在自己擅长的京剧领域，向一般人拜师。

据说，梅兰芳在演出京剧《杀惜》时，听到喝彩声中一声不协调的"不好"。为了弄清楚自己哪里"不好"，梅兰芳连妆都没有卸，就用专车接了这位观众去家中，向他询问自己的不足之处。

老人见他诚心求教，甚至说要以之为师，便说："按照梨园的规定，阎惜姣上楼和下楼的台步，应是上七下八吧？博士您却来了个八上八下，这是为何？"很显然，老人是个行家。

梅兰芳顿然大悟，忙称谢于老人，此后时常请他看戏指正，恭敬地称为"老师"。

说到底，要先有取长补短的心理准备，才能成为一个善学者。

【人物】

梅兰芳（1894—1961），祖籍江苏泰州，梅派男旦的重要奠基人，集京剧旦角艺术之大成者。他先后师从吴菱仙、秦稚芬、胡二庚学习京剧表演艺术，曾获得美国波莫纳学院和南加州大学的荣誉文学博士学位。其代表作有《贵妃醉酒》《天女散花》等，又提出"中国戏剧之三要点"等戏曲理论。在绘画方面，梅兰芳也有不俗的表现，并在抗战时期以此谋生。

【原文】

天下无粹白之狐，而有粹白之裘，取之众白也。

【译文】

天下没有纯白色的狐狸，但有纯白色的狐裘，因为它是从很多白狐狸皮中取集而来的。

【事典】

唐太宗集思广益

在历史上，唐太宗李世民素来以从谏如流著称。

贞观年间，诤谏成为一种良好的风气。不独魏徵频繁讥谏，朝中文武、地方官员、后宫妃嫔也都有进言之举。

当时，为了顺利参加科举考试，很多考生都试图诈冒资历。乍听此事，李世民大怒，不仅对此严令禁止，还命令过去伪造资历的官员自首谢罪，否则便要加以判处死罪。后来，果然有官员被查出伪造资历之事，对此，戴胄却只判了他们一个流放之罪。

李世民愤然问："你这是让朕失信于天下吗？"

戴胄却回道："陛下若是直接下诏将他们处死，臣无话可说。但陛下将他们交付于法司，臣只能按照既定的法律来办案。"对于皇帝的责问，戴胄又解释说，法律比陛下凭一时喜怒所说的话，意义更为重大。

听了戴胄"此乃忍小忿而存大信"的说法，李世民也认识到自己的问题所在，便欣然道："朝廷执行法律，有时有些偏失之处，您能对此加以纠正，朕已无所忧虑。"

后来，戴胄先后担任了尚书左丞、谏议大夫、民部尚书、宰相，对于他所提出的设立义仓以备饥荒，勿要重修洛阳宫而加重百姓的负担等意见，李世民都一一采纳了。

有一次，李世民想去栎阳狩猎，栎阳县丞刘仁轨却进言称，当地秋季受灾，收成寡微，灾民没有财力精力为陛下筑路修桥。其实，刘仁轨只是一个八品小官，本是人微言轻之辈，但李世民却深以为然，在取消狩猎计划之余，还下诏表彰刘仁轨体恤百姓疾苦的做法，将其擢升为新安县令。

很多时候，李世民也喜欢听取后宫妃嫔的意见。

因为魏徵言辞激烈，时常顶撞皇帝，李世民甚至对长孙皇后说过"会须杀此田舍翁"的话。此言一出，长孙皇后便赶紧换了朝服，长跪不起，对他陈说"主明臣直"的道理。

在《资治通鉴》中，司马光载录了不少记李世民从谏如流的故事，又给予了高度评价。一朝朗朗的贞观谏风，在彼时蔚然兴起，究其根本，还是因为李世民始终

唐太宗

以国家大计为念，个人名声为重。

【释评】

"夫为人臣，当进思尽忠，退思补过，将顺其美，匡救其恶，所以共为治也。"李世民曾在一封手诏中如是说。时在贞观十一年七月，恰近其二十三年执政期的一半。

有一篇史评说，李世民实际上并不像史书上所说的那般大度，譬如，他在魏征过世之后不久，便做出了悔婚砸墓的事。但我们同时也应该看见，李世民在贞观十八年又命人"复立所制碑，召其妻子诣行在，劳赐之"的行为。

这是因为，李世民攻打高丽受挫，不禁发出了"魏征若在，不使我有是行也"的反思。

的确如此，逆耳之言，多为诤语，集众之智可补一己之缺漏，何乐不为？

唯有集思广益，兼听博取，才可有"粹白之裘"，终致天下大治。

【人物】

唐太宗李世民（598—649），陇西人，唐高祖李渊次子，唐朝第二位皇帝，被各族人民尊为"天可汗"，堪称唐朝盛世基业的奠基人。李世民在反隋建唐的过程中战功卓著，于武德九年发动"玄武门之变"，即位为帝，改元贞观。李世民对内文治天下，对外开疆辟土，素有贤君之称。《旧唐书》评曰："迹其听断不惑，从善如流，千载可称，一人而已！"

吕氏春秋

076

【原文】

欲之者，耳目鼻口也；乐之弗乐者，心也。

【译文】

使人产生欲望的是耳、眼、鼻、口这几个器官；而决定人快乐或不快乐的却是心情。

【事典】

萧渊明醉酒受俘

北魏分裂之后，权臣高欢和宇文泰各自扶持元善见、元宝炬为帝，建立东魏、西魏政权，与之对峙的政权，还有南梁。

梁武帝太清元年（547）初，高欢去世，都督河南诸军事侯景担心其子高澄会对自己不利，故此反复地向西魏和南梁寻求政治援助。

九月初，梁武帝萧衍令南豫州刺史贞阳侯萧渊明、南兖州刺史南康王萧会理带兵进攻东魏。前者，是萧懿的儿子；后者，是萧续的儿子。

因为萧衍十分喜欢他，在萧渊明很小的时候，便被封为了贞阳侯。也就是在侯景叛变这年，萧渊明担任了豫州刺史，短期内还赢得了百姓的交口赞誉。当萧衍决定接纳侯景之后，萧渊明便主动上表请求同行。

由于萧会理怯懦寡谋，且傲慢无礼，不久便由萧渊明一人担任都督。

萧衍曾下敕书，嘱咐他们不要轻举妄动，应先在寒山一带筑堰挡住泗水，来淹灌彭城。等到夺取彭城之后，再与侯景的势力形成掎角之势。

在武将羊侃的监督下，堰坝很快便修成了，其后，东魏将领慕容绍宗前来救援彭城。羊侃劝萧渊明趁着慕容绍宗人困马乏赶紧攻打他，但萧渊明却置之不理，整天沉迷在烈酒之中。

明眼人都知道，萧会理事才具不足，但萧渊明也不是个靠谱的人。

从小养尊处优惯了，根本没打过仗，而他不断喝酒的原因，主要是想借用这种方式来麻醉自己。刚到彭城时，将士们都各有抢掠百姓之事，萧渊明没有威信，无力阻止，心情一直很低落。

越是醉酒，心情越是低落；心情越是低落，就越想醉酒。就在萧渊明醉得恍恍惚惚的时候，南梁军队大败，萧渊明成了战俘。

【释评】

南朝梁的宗室人物，大多有个优点，便是多才多艺；但与此同时，相当数量的萧家人也有一个缺点，就是大事小事拎不清，凡事分不出一个轻重缓急。

据史料记载，萧渊明年少之时，便显露出才情来，可他也很注重声色享受。

在接应侯景、攻打东魏的形势下，萧渊明承担的是重大的责任，但他却因为贪恋口舌之欲而堕落了心智、丧失了战机，可不就是一种拎不清的表现吗？

受俘之后，萧渊明成了北齐（北齐取代了东魏）的一颗棋子，从此受人摆布，以傀儡皇帝的身份被载入史册。思及往事，萧渊明是否有过悔恨之情呢？不得而知。

梁闵帝萧渊明（？—556），字靖通，梁武帝萧衍之侄。因得到叔父的欢心，屡任显职。在担任豫州太守期间，萧渊明酗酒误事、指挥无度，为东魏所擒。后在北齐和本朝太尉王僧辩的扶持下，继梁元帝萧绎而为帝。后来，司空陈霸先极为反对，萧渊明又降为建安郡公，死后被追为闵皇帝。《北齐书》载："将遣使送明，会明疽发背死。"

【原文】

故治世之音安以乐，其政平也；乱世之音怨以怒，其政乖也；亡国之音悲以哀，其政险也。

【译文】

因此，太平盛世的音乐声安宁且快乐，这是因为政治平稳；动乱时代的音乐声怨恨且愤怒，这是因为政治乖谬；濒临灭亡的国家的音乐声悲痛且哀愁，这是因为政治险恶。

【事典】

师旷奏琴谏晋君

传说，商纣王时期，曾令师延制作了一支曲子，名为《清商》。这支音调哀戚颓废的曲子制出以后，流传到了民间，人民的斗志也被消磨了许多。

到了殷商灭亡之时，纣王自焚而死，师延也抱着他的琴跳入濮水之中，而后，从濮水经过的人，时常都能听到水面上传来的靡靡曲音。

多年后，晋平公新筑了王宫，打算举行庆典。

先前卫灵公与他产生过摩擦，为了修复两国的关系，卫灵公便带着乐工前去祝贺称喜。哪知，在宴席上，晋平公的掌乐太师师旷蓦然变色，断喝道："不可再奏！这是亡国之音！"

原来，卫灵公在途经濮水时偶然听得水中的乐声，便命师涓将其记录下来，以为祝贺之礼。没想到，师旷却如此激动愤怒。

师旷是个盲人，但他精通音律，擅长琴艺。听说，只要他一弹琴，马儿、鸟儿都不会再吃草、飞翔，而是静心聆听美妙的乐音。因见师旷之才，晋平公便封他为掌乐太师。

那琴声，既像是绵绵淫雨，又像是泣泪哀音，正是商纣王当年的那曲亡国之音。

听得师旷这么一说，卫灵公、师旷都十分尴尬，晋平公也不由责问太师道："这么好听的曲子，怎会是亡国之音呢？"

师旷解释道："师延自知助纣为虐，罪大恶极，所以才跳进濮河自尽了。这音乐很不吉利，谁要沉醉其中他的国家便会招致衰落。所以不可再奏！"

然而，晋平公却并不相信，曲子会导致亡国的事情吗？因此他不仅让师涓继续演奏，还令师旷演奏更为悲凉的曲子。为了说明"美曲可使人振奋，哀音会令人堕落"的道理，师旷演奏了更悲凉的《清角》。

指落弦上，霎时间乱云急聚、狂风怒卷，破坏了无数房瓦、帷幔，和祭祀重器。

晋平公吓得瑟瑟发抖，旋即趴在廊柱下疾声喊停。说来也奇怪，师旷停奏后，顿然间一片风消云散的祥和景象。从此以后，晋平公再不敢迷恋这类亡国之音了。

【释评】

在先秦时期，音乐则被赋予了神秘的色彩。

人们普遍相信，乐师掌握了音律，也就掌握了一些红尘凡世的至理、军国大事的要义。师旷能凭乐师身份入政，便有这个背景因素。

当然，师旷能在众多的晋廷乐师中脱颖而出，必然是因为他有着非比寻常的见识和胸襟。他曾说："人君之道，清静无为，务在博爱，趋于任贤，广开耳目，以察万方。"其人之智，可见一斑。

在这个故事里，师旷能以琴为谏，是因为他参透了音乐和政治的关系。

说及政治的好坏，本是个抽象概念，它只能靠教化的外衣，而为人所察知评判。而教化的好坏，又直接反映在对音乐的审美趣味上。于是乎，一国政治之形貌，可得见矣！

【人物】

师旷（约前572—前532），冀州人，春秋时期的乐师、政治家，眼盲而善乐，自号为"瞑臣"。关于眼盲之故，有天生说、熏瞎说（为了专注）、师父刺瞎说这几个说法。师旷在民间极为知名，时常被民众附会一些神异故事。其实，师旷也有突出的政治才干，曾以太宰身份治国理政。《淮南子》评曰："始无乱政"。

【原文】

　　是故闻其声而知其风，察其风而知其志，观其志而知其德。

【译文】

　　听到这个地方的音乐便能知道它的风俗，考察它的风俗便能知道它的志趣，观察它的志趣便能知道它的德行。

【事典】

孝文帝观察风谣

　　太和十八年（494），北魏孝文帝元宏正式宣布迁都洛阳。

　　随后，在王肃、李冲、李彪、高闾等汉族士人的辅佐下，孝文帝开始推行汉化，以期达到移风易俗的效果。而后孝文帝先下诏士人百姓改穿汉服，再下诏免税三年于迁户，凭此来鼓励生产、发展经济。

　　次年六月，孝文帝又先后发布了禁绝胡语、不得还葬平城的诏令。接下来，他又依照《周礼》中的制度，进行度量衡的改革，在洛阳修筑金墉宫、设立国子学等学校。如此一来，旧都平城的六宫、文武都被他迁了过来。

　　太和二十年（496）正月，孝文帝改鲜卑复姓为单音汉姓，他率先将拓跋氏改姓元氏，又以身作则地与汉人通婚，为的是增进鲜、汉两族文化的深度融合。

　　在汉化改革期间，他任命清河东武城人张彝为常伯，负责民事的管理，也负责"观察风谣"。"常伯"一职本为周朝官名，其中不难看出孝文帝对古制的推崇之意。可惜的是，此年距离孝文帝晏驾之日已经不远了。

经过几年的搜集，张彝已小有收获。当他听闻天子驾崩的消息，哀恸至极。在之后的几年里，他一直疾病缠身，没有及时进呈诗歌，但又担心"所采之诗永沦丘壑"，所以便择日将它们誊抄上呈，以备圣（宣武帝元恪）览。

张彝在上表中称，自从中原离乱以来，"九服摇摇，民无定主，礼仪典制，此焉埋灭"，令人痛惜。所以说，北魏作为入住中原的强国，确有恢复礼乐制度的使命。后来，先帝做得很好，却还担心自己"见之不明"，故此"欲广访于得失，乃命四使，观察风谣"。

作为北魏的常伯，他成了四使之一，在那些年里，张彝一直在齐鲁之间、梁宋之域奔走从事，后来汇得了七卷诗歌。在这些诗歌当中，美刺皆全（美刺：中国古代认为，诗歌具有歌颂、讽刺社会的功能），具有独特的参考价值。

"伏愿昭览，敕付有司。使魏代所采之诗，不埋于丘井"，这便是张彝的愿望。孝文帝曾说："礼乐之道，自古所先，故圣王作乐以和中，制礼以防外。"他始终铭记着先帝的嘱托。

孝文帝

【释评】

早在周朝时期，便有了采诗的制度，《诗经》中"国风"中的诗歌，便是通过这种制度来采苹的。所谓"观风知政"，太师将收集而来的风谣报之以周天子，天子便能"以乐播而陈之，以观人风俗，以审其善恶"。

到了西汉，乃至于王莽的新政权，都有意模仿古制采集民谣，进而了解民情政教，以及时调整国策政令。不过，由于种种原因，这种制度在执行过程中有可能会流于表面。

令人欣慰的是，在一个所谓的乱世——魏晋南北朝，竟有不少的君王在继续执行采诗的制度。这其中，数孝文帝元宏的做法最深得周朝之要旨。这无疑是因为，他明白礼乐制度对推动北魏政权封建化能起到决定性的作用。

【人物】

孝文帝元宏（467—499），鲜卑人，北魏第七位皇帝、杰出的改革家。元宏本作拓跋宏，改姓于迁都后。元宏由名义上的祖母文明太后抚养成人，于太和十四年（490）亲政。在祖母改制的基础上，他继续推行有利于中央集权的改革，立三长制、行均田制。四年后，为了促进民族融合，孝文帝迁都洛阳，进行汉化改革。王通评曰："中国之道不坠，孝文之力也！"

第三卷·秋纪：古之圣王有义兵

【题解】

《吕氏春秋》里的《秋纪》以下，为《孟秋纪》《仲秋纪》《季秋纪》三部分，每纪皆为五篇，共计十五篇。总的来说，《夏纪》讨论的是军事理论的话题，这是因为，依照五行之说，属金的秋季是一个万物盛极而衰的季节，天地之间一片肃杀之气。为了顺应节气，一方面，天子要保育民力，令其休养生息；另一方面，这个阶段的政令，将不再是宽仁与厚德，而是惩治与征伐。因何作战、如何作战，是著者着重论述的内容。

古圣王有义兵而无有偃兵。

（《吕氏春秋·孟秋纪第七·荡兵》）（一作用兵）

夫兵不可偃也，譬之若水火然，善用之则为福，不能用之则为祸；若用药者然，得良药则活人，得恶药则杀人。

（《吕氏春秋·孟秋纪第七·荡兵》）（一作用兵）

攻伐之与救守一实也，而取舍人异。

（《吕氏春秋·孟秋纪第七·振乱》）

兵苟义，攻伐亦可，救守亦可；兵不义，攻伐不可，救守不可。

（《吕氏春秋·孟秋纪第七·禁塞》）

过胜之，勿求于他，必反于己。

（《吕氏春秋·仲秋纪第八·论威》）

夫兵有大要，知谋物之不谋之不禁也，则得之矣。

（《吕氏春秋·仲秋纪第八·论威》）

夫兵有本干：必义，必智，必勇。

（《吕氏春秋·仲秋纪第八·决胜》）

行德爱人，则民亲其上；民亲其上，则皆乐为其君死矣。

（《吕氏春秋·仲秋纪第八·爱士》）决胜》）·（一作慎穷）

水出于山而走于海，水非恶山而欲海也，高下使之然也。

（《吕氏春秋·季秋纪第九·审己》）

精准提要

- “义战”的真意，是上兵伐谋，是减少不必要的牺牲。

- 虚假的和平，也有可能是媚惑的毒药。

- 示弱，不是势弱，它是一种蓄势待发的力量。

- 匡义扶危，是为正义之师。

- 勇于担当的人，总是懂得自省其身，自承胜败。

- 用兵的要义，便是攻其不备、出其不意。

- 声东击西，必致虚实难辨之效。

- 笼络人心的重要性，并不亚于广地扩土。

- 百川归海，而海不盈。

【原文】

古圣王有义兵而无有偃兵。

【译文】

古代的圣王只有发动正义战争的，却从未有废止战争的做法。

【事典】

赵充国收降羌人

元平元年（前74），大将军霍光拥立汉宣帝刘询为皇帝，年号本始。

赵充国因参与决策之故，被封为营平侯。

在本始年间，匈奴仍像以往一样，时时抢掠汉境，赵充国以蒲类将军的身份征讨匈奴，建功无数。其后，面对羌人渡过湟水，准备迁至汉境畜牧的猖狂之举，赵充国提出了加强军防、离间羌族各部落并侦知其情的应对策略。

神爵元年（前61），赵充国已是年过七旬的老人，但他仍然长年在西陲督兵，多次挫败羌人犯境的图谋。不过，当时的骑都尉义渠安国却为羌人所击。

从西陲归阙之后，赵充国几度上奏分析军情，建议皇帝预防边事，并以兵屯田。

刘询对此赞赏有加，问他派谁带兵去湟水。赵充国豪爽地回道："老臣自是最佳人选。"刘询又问他需要多少人马，赵充国说无法凭空设想，他会先往金城视察地形，把御敌方案详细地写出来。

"老骥伏枥，志在千里"，赵充国迅速赶往金城，集结了近万名骑兵，来到了湟水，但坚守不出。羌人见赵充国迟迟不动，很是诧异。刘询也发书给赵充国，责问他不主动出战，辜负朝廷的信任。

赵充国很沉得住气，打定"将在外，君命有所不受"的主意，决定以最小的牺牲换取最好的结果。他屡次上书，陈说他"不战而屈人之兵"的计谋，终于打动了朝廷上下。就此，赵充国得以方便行事，一方面以威信招抚羌人，一方面分化瓦解羌人的部落联盟。

事成之后，赵充国上禀朝廷，实施屯田、据地筹粮，以为长久打算。

【释评】

在汉宣帝时期，羌人强渡湟水北迁，这无疑是对汉朝统治的挑衅。

从这个层面来说，赵充国出兵平叛，乃是正义之战。何况，此时匈奴人也很不安分，挑动起了少数民族的反心，若是汉军不先对羌人加以打击，后果堪虞。

一场正义之战即将打响。为了突出战争的合法性，以鼓振兵将们的士气，宣帝便以天象为据，说："今五星出东方，中国大利，蛮夷大败。太白出高，用兵深入敢战者吉，弗敢战者凶。"

可以说，赵充国将义战的思想贯彻始终。在作战过程中，他不急不躁，秉持羁縻为先的策略，以最小牺牲换得了最大的收益。

上兵伐谋，这也是义战的一个具体表现。否则，口口声声曰"义"，实则却不爱惜将士性命，或是对敌方杀戮过重，这场战争又能有多"义"呢？

【人物】

赵充国（前137—前52），字翁孙，陇西人，西汉名将，三朝元老，位列"麒麟阁十一功臣"。起初，赵充国跟随贰师将军李广利追击匈奴，峥嵘乍露。后来，他平定了武都氐族叛乱，俘虏了匈奴西祁王，与霍光等人一起拥立汉宣帝，并在神爵元年（前61年）平定羌乱，留兵屯田。扬雄评曰："在汉中兴，充国作武，赳赳桓桓，亦绍厥后。"

【原文】

夫兵不可偃也，譬之若水火然，善用之则为福，不能用之则为祸；若用药者然，得良药则活人，得恶药则杀人。

【译文】

战争是不能废止的，它就像水和火一样，如果善于利用它就会造福百姓，不善于利用它就会造成祸患；还像施药给人治病一样，如果用良药就能使人活命，用毒药就能使人身亡。

【事典】

宋真宗厌战废兵

追溯到五代时期，自后周世宗柴荣开始，便与辽朝展开了争夺幽云十六州的战争。

宋朝建立之后，在数十年对辽战争中，依然为此而起战事，因为幽云十六州是一道抵御辽人的屏障。如无这道屏障，对方就更易在边境挑衅滋事，甚至挥师进逼。

转眼间，辽朝的实际执政者，已是大名鼎鼎的萧太后，辽圣宗耶律隆绪尚小；而北宋的皇帝，是宋真宗赵恒。

景德元年（1004），萧太后以收复瓦桥关（属幽云十六州范围）的名义，率领大军衅边。宋军遭受重创，但仍坚守城池。听闻此讯，宋廷上下气氛紧张，赵恒也被吓得不轻，甚至打算迁都南逃。

在这个关键时刻，宰相寇准力谏亲征。赵恒无奈北上，途中听闻了一个大好消息。原来，宋军在射杀了辽人统军使萧挞凛之后，不仅挫伤了辽军的士气，而且使得萧太后哀痛不已，产生了退却之意。

在寇准的催促下，赵恒亲临前线，登上了澶州北城门楼。一见皇帝前来督战，宋军高呼万岁，声闻数十里，其势如虎。

本来说，趁着宋军士气盈旺，辽军又孤军深入、补给困难，宋军大可与之酣战到底，赢得更多的战果，甚或收复幽云十六州，但赵恒的心里一直却打着退堂鼓。

是战是和，双方在挣扎一段时日后，终于达成了和议：宋辽为兄弟之国，宋帝为兄；两国以白沟河；宋每年向辽赐以岁币，银十万两，绢二十万匹……

先前，寇准得知皇帝的心意，好一番苦谏，并说应对辽军围而歼之，再乘着兵勇北上收复幽云十六州。可惜赵恒厌战畏敌，只想以金钱买和平。寇准拗不过一众君臣，只能在岁币的数额上加以限制，将损失降低到最低限度。

史上，将宋辽签订的"和平"协议称为"澶渊之盟"。

【释评】

《明太祖宝训》中曾记载了朱元璋对宋真宗的评语。

在朱元璋看来，赵恒起初任用李沆，不仅很勤政，而且对于灾异之说，心存警惕，还勉强算得上个贤君。

但他在签订澶渊之盟后，多年来作为不大，又想弥补他在澶渊之盟中犯的错误，便使出了昏招。其后，大臣们"曲意迎合，苟图媚悦，致使言祥瑞者相继于途"，这种做法委实可笑。

不可否认，双方休战之后，两国开放了贸易，增进了文化交流，这对于历史发展是有贡献的。但是，正因双方此后没有发生大的战争，而以"偃武修文"为治国理念的大宋朝，兵备愈加松弛。到了后来，禁军河北军、京师军皆不可用，论实力唯陕西军差强人意。

正如王安石、富弼所说，忘战去兵的危害极大。审视历史，这话也可套用在辽朝身上。

多年后，雄风难振的宋、辽双方均为金国所败，看来，废战未必能造福百姓，虚假的和平，也有可能是媚惑的毒药。

【人物】

宋真宗赵恒（968—1022），"书中自有黄金屋，书中自有颜如玉"是他的名言。赵恒被寇准劝往亲征，并在胜利的情况下，签下了宋赐予辽军的休战条约，史称"澶渊之盟"。赵恒后觉耻辱，在王钦若、丁谓的撺掇下，人为制造祥瑞，期以封禅之事挽回声誉，反而造成了较为恶劣的影响。脱脱评曰："一国君臣如病狂然，吁，可怪也。"

【原文】

攻伐之与救守一实也，而取舍人异。

【译文】

攻伐和救守，其实本质一样，但有取有舍，人各不同。

【事典】

李牧转守为攻败匈奴

约在公元前244年，赵国北疆的雁门关外，鼓声激越，摄人心魄。

匈奴单于率领着十余万骑兵，对赵国再度发起了攻势。这一战，他们志在必得。因为，他们打心眼里瞧不起赵国的主帅李牧。

原来，李牧本是赵国的一代名将，长期驻守于雁门郡一带，随时防备着匈奴入侵。赵幽缪王给了李牧两个特权，一是自行设置官吏以备调度，二是将近地的租税都纳入幕府之中作为军资。

有了这样的特权，李牧给士卒的待遇极为优厚，几乎每日都宰牛为食。在平日里，他一边教授骑射之道，一边广派斥候去侦察敌情。李牧还给士卒们制定了必须遵守的规章，其中说，一旦烽火传来警报，将士们就要赶紧退守，违令者斩。

对于李牧的规章，不仅匈奴人大惑不解，就连赵国的守将们也误以为他怯战如虎。时日一久，赵幽缪王也有些生气，发诏责备李牧。见李牧一无所动，赵幽缪王索性以他人代之。

然而，令人意外的是，积极出战的赵军，在接下来的对战中损失惨重，边境上也无法再耕作放牧。赵幽缪王实在无法，便又重新起用李牧。

李牧跟赵幽缪王谈好条件后，才像以往一样奉命领兵。这个条件便是，在时机不成熟的情况下，他将始终保持守势。

几年的时间过去了，匈奴人依然面对着一个"怯懦"的李牧，心中的警觉性已经全然松懈了。况且，赵军饱食终日却无以报国，都自觉有愧，愿为国家肝脑涂地。

李牧心知，时机快到了。公元前244年，李牧准备转守为攻。他挑选了一千多辆战车、一万余匹战马作为战备；又遴选了义不畏死的冲锋勇士五万人，长于箭术的士兵十万人，作为主要的战斗力。

为了诱敌深入，李牧故意让牲畜在山野间乱跑，并在匈奴人以小股兵力试探之时，佯装失败，让他们尝到一点甜头。接下来，李牧施展空营之计，将匈奴主力引入毂中。

但听得号角声起、喊杀声壮，早已埋伏好的赵军，如天兵一般降下地来，从两翼包抄袭杀过来。匈奴人纷纷傻了眼，在包围圈中阵脚大乱。

这一战，赵军如切瓜砍菜般的灭掉了十万匈奴兵，又趁胜攻灭了襜褴、挫击了东胡、慑服了林胡。

单于心下大悔，惶然而逃，之后的十多年里，再不敢来犯境。

【释评】

从根本上来说，守势是一种示弱的战略。

或者因为兵力不及的缘故——一般会等待增援，或许出于麻痹敌人、减耗自己损失的目的，一个成熟的将领都有可能会巧妙地运用这种战略。从李牧的具体做法来看，赵国的兵力与对方差距不大，他主要的用意，便是要麻痹敌人，"毕其功于一役"。

在匈奴人最后一次进犯之时，李牧笃定敌方骄尚，而己方士气可用，因此才布局反攻，最终打了一个漂亮仗。事实证明，他一直以来强调的守势，是一种正确的战略。

从古代的很多"转守为攻"的战例中，我们不难发现，示弱者，未必势弱，但故意示弱的做法，却能为自己寻得一个最有利的作战时机，从而一击即中。

要明白"攻伐之与救守一实"的道理，其实不难；但在什么时候取，什么时候舍，则因人而异，因事而变。判断战机，是一个优秀将领必须具备的素质。

【人物】

李牧（？一前229），战国时期赵国人，与廉颇、王翦、白起并称"战国四大名将"。李牧大破匈奴，抗御秦国，获得武安君的封号，是赵国的基石国柱，可惜却为秦国的离间计所谗害。故此，后有"李牧死，赵国亡"的说法。在唐宋之际，李牧得以入庙享奠。苏洵评曰："泊牧以谗诛，邯郸为郡。惜其用武而不终也。"

【原文】

兵苟义，攻伐亦可，救守亦可；兵不义，攻伐不可，救守不可。

【译文】

军队若是正义之师，那么攻伐它可以，救守它也可以；反之，军队若是不义之师，那么攻伐它不可，救守它也不可。

【事典】

管仲谏言救燕存邢

齐桓公十九年（前667），周惠王遣使赴齐，赐齐桓公为侯伯，这意味着他成了诸侯之长，其霸主地位赢得了周天子的承认。如此一来，齐桓公也拥有了一项特权——专征伐。

多年来，齐桓公打着"尊王攘夷"的旗号，一方面尽力团结中原各诸侯；一方面又负责对那些前来侵扰的夷狄予以打击或是防守。齐桓公的做法，既得到了周天子的支持，也得到了诸侯的拥护。

管仲

当时，分布于今河北北部和东部的山戎，势力较为强大，他们不时侵袭燕国。就在桓公二十三年（前663）时，山戎突袭燕国。燕庄公势单力薄，立马向齐桓公飞檄告急。

此时，齐桓公没有立刻回复他，因为在他看来，南边楚国的危害更大。不过，管仲却说："依臣之见，南边的楚国、北边的山戎、北边的狄人，无一不是中原各国的祸患。咱们将来若想征讨楚国，应该先平定北方。以免日后两线作战，或是受到掣肘。现下，燕国被逼凌得很狼狈，而且又开口求救。我们如果举兵相助，势必能在诸侯国中立德树威。"

齐桓公心想不错，便打算与鲁庄公一同征伐山戎。鲁庄公口中虽然答应下来，实际上却畏其险远，不愿发兵。齐桓公便带着管仲、隰朋，率领精锐前去救燕。经过激烈的作战，他们打败了山戎，并击败了令支、斩灭了孤竹，声动海滨诸侯。

南归之时，燕庄公万分感激，真心顺服于齐桓公。

征戎救燕，已然事成，齐桓公便产生了讨伐鲁国的想法。原因很简单，鲁庄公背信弃义了。在管仲的劝说下，齐桓公没有这样做，转而将所获的山戎宝器尽数献捷于周公之庙，鲁庄公为此深感惭愧，并真心叹服。

到了桓公二十六年（前660）时，狄人打起了刑国的主意。

管仲对齐桓公说："戎狄的性情都十分贪暴，诸夏各国与我们都是亲戚，理应彼此关心，互为相援，你绝不能坐视不理。只想安于现状太过危险，眼下发兵救邢才是重点。"

这一次，齐桓公也听从了管仲的意见，成功解救了邢国。

【释评】

众所周知，春秋五霸、战国七雄，都是东周时期杰出的君王。

客观地说，在王室倾颓、权力下坠的时代里，打着"尊王攘夷"旗号的很多君主，不见得就真的怀有一颗赤子之心，他们往往借着尊王的名义，无限度地扩土谋权，争伐不休。

不过，在仁人志士的辅佐下，这些君王的面貌又各有不同。

齐桓公和管仲的作为，固然也有壮大自身的需求，但从他们的具体言行看来，管仲所持有的"戎狄豺狼，不可厌也；诸夏亲昵，不可弃也"的观点，确实是在被他一点一点地实现。这便是管仲能得到孔子、朱熹、顾炎武等名人的一致推崇的根本原因。

对于饱受戎狄欺凌的燕、邢之国，管仲谏言施以援助，这是深谙匡义扶危之道的举动，理应得到后世的称誉。

【人物】

管仲（约前723—前645），名夷吾，春秋时期齐国人，著名的政治家、经济学家、军事家、哲学家，被誉为"法家先驱"。管仲于齐桓公元年（前685）担任国相，被齐桓公尊称为"仲父"，对外行"尊王攘夷"之事，对内则大兴改革，终助其位居春秋五霸之首。其思想被汇入《管子》一书中。孔子对管仲评价极高，称："微管仲，吾其被发左衽矣。"

【原文】

过胜之，勿求于他，必反于己。

【译文】

胜败的关键，不要向别的方面寻求，必须在自己身上找寻。

【事典】

诸葛亮败军自贬三等

为了匡扶汉室、统一中原，诸葛亮从辅佐后主开始，对曹魏政权发动了五次战争。

第一次北伐战争，发生在建兴六年（228）。

此前，凉州刺史魏延曾提出一个策略，建议自子午而北，直入长安，拿下魏国安西将军夏侯楙，再由诸葛亮领军自斜谷而出，一举平定长安。

然而，诸葛亮采取了先占陇右、再以之为进攻跳板的战略，遂一面派赵云、邓芝在斜谷道设置疑兵，一面亲率八万主力（宣称三十万）攻打岐山。

曹魏那头，曹真奉旨都督关右诸军，倾力对付赵云。因为失了先机，曹魏这头首战不利，陇右五郡中的南安、天水、安定，都纷纷投降了诸葛亮。

魏明帝曹叡亲往长安坐镇，并派出了大将军曹真、张郃，分别负责对抗赵云、诸葛亮。

诸葛亮本想趁着首战告捷之势，渡过渭水、剑指长安，未想曹魏反应也很迅速。思忖一番，他决定派出一员勇将镇守街亭。街亭乃是蜀军的咽喉之地，料来张郃会由此下手。

此时，诸葛亮的心腹参军马谡主动请命，诸葛亮摇摇头，没有立刻答应他。这是因为，他知道此人不算精明。不过，在马谡的恳请之下，诸葛亮答应给他一个锻炼的机会，并以大将王平做副手，以高翔、魏延为两路策应。

诸葛亮

哪里知道，马谡刚一到街亭，便将诸葛亮所嘱咐的镇守部署抛在了脑后，也不听从王平的劝说，固执地将大军屯驻在孤山之上。张郃死死地包围住了蜀军，并切断了蜀军的水源。内乱四起，马谡心生恐惧，索性弃军而逃。

张郃拿下了街亭，王平、高翔、魏延纷纷退军。与此同时，赵云的军队，也招致了重挫。在街亭失守，蜀军丧失利好形势的情况下，诸葛亮只能长叹一声，引兵退回汉中。

如果街亭没有失守，长安或许已在蜀人之手了！他焉能不恨？

回到汉中以后，诸葛亮按军纪斩杀了马谡，并上书自贬三等，总结北伐失败的原因，又提拔了劝谏过马谡的王平。刘禅答应了诸葛亮，以王平为右将军，但仍命诸葛亮行丞相事。

【释评】

人们都说，建兴六年的北伐，这是诸葛亮最有可能成功的一次灭曹战争。再不济，也能对其予以重创。

的确如此。若是成功进占长安，蜀汉这方便有了问鼎中原的资本，故而，北伐的重要性，可以想见。但很可惜的是，诸葛亮一子下错，而导致北伐之战满盘皆输。

实际上，一意孤行的马谡，是最该为街亭失守负责的人，这也是诸葛亮必须斩杀他的原因；但诸葛亮在众情汹汹的情况下，"大胆"地重用这个固执莽撞的人，自然也有不可推卸的责任。

用人不当，决策失误，这是诸葛亮在北伐之战中给自己的定义。他在自己的身上寻找胜败的关键，也是一种勇于担当的行为。

【人物】

诸葛亮（181—234），字孔明，号卧龙，徐州琅琊人。诸葛亮隐居于隆中，为刘备献策。刘备建立蜀汉之后，以诸葛亮为丞相。在后主刘禅时代，诸葛亮共发动了五次北伐战争，每因粮秣问题而出师未捷。因食少事繁、积劳成疾，诸葛亮在蜀建兴十二年（234）病逝，被后主追封为忠武侯。其人自述的"鞠躬尽瘁、死而后已"，正是他忠智一生的真实写照。

【原文】

夫兵有大要，知谋物之不谋之不禁也，则得之矣。

【译文】

用兵有它的要义，要是明白攻其不备、出其不意的道理，那么便掌握了这个要义。

【事典】

宇文泰奇袭破军

南北朝时期，东西两魏间爆发了五次大规模的战争，首战史称"小关之战"或"潼关之战"，发生在公元537年（东魏天平四年，西魏大统三年）。

这年正月，东魏丞相高欢兵分三路，汹汹而来，其南路、中路、北路分别由高敖曹、窦泰和他自己领军。高欢在蒲坂囤军，命令军士架起了三座浮桥，做出要抢渡黄河的样子。

东魏准备充分，西魏当如何应对呢？

当时，西魏权臣宇文泰正驻守于临潼北面的广阳，在他看来，高欢的架桥之举实为诱敌之计，其目的在于牵制西魏将士，使得窦泰之军能乘隙西入。因此，军队应将主力用于对付窦泰。

此外，窦泰是极受高欢信任的骁将，可说是常胜将军。其人必然心存轻敌之心，反而容易被拿下。而一旦窦泰兵败，高欢便只能不战自退。

对于宇文泰的看法，诸将顾虑重重。这无非是因为，舍近求远的策略实在是太大胆了。若为稳妥之故，起码也应分兵抵御才是。

宇文泰回到长安后，向直事郎中宇文深询问对策。宇文深认为，如果先打高欢，窦泰必定会赶来援救，届时国军将腹背受敌，无可突围。为今之计，还是兵行险着，先在小关进击窦泰为妙。只要窦泰兵败，老成持重的高欢，定然会气馁退兵。

宇文泰先施疑兵之计，宣称自己要退保陇右，实则自长安潜军东出。之后宇文泰顺利抵达小关，择机从马牧泽中霍然杀出，奇袭窦泰。

窦泰猝不及防，匆忙应战之下，其兵大败。

窦泰万念俱灰，自杀谢罪，手下万余兵士尽为宇文泰所得。春冰未融，高欢不敢渡河相援，遂撤去了三座浮桥，退兵而还，高敖曹也从上洛撤军。

西魏军穷追不舍，幸好有薛孤延为高欢殿后，他才能得以
侥幸逃脱。

宇文泰用兵，讲究出其不意之道，才为西魏赢得了小关之
战的胜利。

【释评】

在北魏末年的六镇起义中，宇文泰先入义军，再投尔朱
荣。其后，宇文泰得到了贺拔岳的兵力，得以与北魏丞相高欢
相抗衡。

高欢和宇文泰，可说是南北朝时期长期对峙的一代豪杰。

应该说，这两人的军事政治水平都很不错，而宇文泰在两
魏五战中屡屡获胜，究其原因，还是在于他有着审时度势的军
事素质，深谙"攻其不备、出其不意"的用兵之道。

因此，宇文泰在处于劣势的情况下，打破了敌军的部署，
一举获胜。

两军交战时，趁着对方缺乏警觉心的时机，予以快速攻
击，势必令对方阵脚大乱，士气萎靡。这种"诡诈"之术，
实为极富智慧的战略。《孙子兵法·始计篇》中对此也有所
论述。

【人物】

北周文帝宇文泰（507—556），小字黑獭，代郡武川人，
南北朝时西魏的实际领导人，被北周明帝宇文毓追为皇帝。永
熙三年（534），北魏孝文帝元脩西奔长安，依靠宇文泰建立西
魏。宇文泰掌权二十余年，创建府兵制，抓住时机富国强兵，
为北周王朝的建立和隋唐王朝的强盛奠定了坚实的基础。令狐
德棻评曰："能驾驭英豪，一见之者，咸思用命。"

【原文】

夫兵有本干：必义，必智，必勇。

【译文】

用兵有根本：必须合乎正义，必须运用智谋，必须行动勇猛。

【事典】

班超声东击西降莎车

东汉建初九年（84），班超调发已经归附东汉的疏勒、于阗国的兵士，一起进攻莎车。莎车王贿赂疏勒王，致使疏勒背叛汉廷，占据乌即城。班超重立疏勒王，其后施计收复了乌即城。

几年来，班超打通了西域南道，却依旧没能拿下地处大漠西缘的莎车国。不但如此，莎车王还煽动周边小国，一起结好匈奴，形成不利于汉廷的一大股势力。

为了联合西域诸国抗击匈奴，班超在元和四年（87）征调于阗之兵，再度攻伐莎车。这一头，龟兹王亦答应出援莎车王，派出了五万人马，由大将温宿、姑墨、尉头分别领兵。

敌众我寡，且是在敌方的战场上，要想打赢这场仗，须智取才能避免无谓的牺牲。

班超深思之下，决定采用声东击西之策。

首先，他与于阗王商议军情，有意装出怯战的样子，说兵少不足以御敌，不妨各自散去、保存实力。到了夜里听到鼓声，于阗便撤军往东走，而汉军则往西走。

稍后，班超令人在军中散布士兵对他的不满言论，故意让莎车的俘虏听得"明白无误"，又假装懈于看管，让他们能够逃出汉营回去报信。

果然，龟兹王上当了。但见他心下大喜，亲领一万骑兵快速赶往西边，企图阻击班超。与此同时，温宿王则奉命从东截杀于阗。

实际上，班超仅仅撤出十里之地，便在黑幕的遮盖下潜藏起来，待到龟兹王奔驰而过，才召集人马，与约好的于阗人马一道回师，杀向莎车国的大本营。

汉军如天兵般骤然而至，莎车军士疏于防范，被骇得四散而逃，班超追击斩杀了五千余人，并缴获许多战利品。无奈之下，莎车王束手投降。

龟兹王追了一夜，乃知自己被班超耍得团团转，一见莎车国大势已去，也只能鸣金收兵。

自此之后，班超的威名，远播于西域诸国。

【释评】

班超曾说过，"不入虎穴，不得虎子"，毫无疑问，他是一个敢于冒险的人。

可是，作为一个军事家，只有勇猛无前的作战能力是远远不够的。在不乏杀敌之勇，也不缺用兵理由的情况下，还须运用高超的智谋，才能确保战争的成功概率。

在这场战争中，龟兹国以众临寡，本来具有人数上的优势，却败在了班超的智谋之下。何故？声东击西，是作战的一大法门。

班超满腹皆兵、浑身是胆，以其不世奇功立于绝域，得到生前身后的无限美誉。北宋张预曾作《十七史百将传》，班超名列其中，可说是实至名归。

【人物】

班超（32—102），字仲升，扶风郡人，东汉著名的军事家、外交家。班超的父亲班彪、长兄班固、妹妹班昭，都曾著书修史，但他却选择投笔从戎，在战场上建功立业。班超奉命出使西域，以夷制夷，声名极盛，后被封为定远侯。王禹偁评曰："自古画策安边，铭功绝域者，赵充国班定远称为名将。然皆年余七十，垂老穷荒，而后能著其效。"

【原文】

行德爱人，则民亲其上；民亲其上，则皆乐为其君死矣。

【译文】

君主实施德政、爱抚百姓，百姓就会爱戴他们；百姓若是爱戴他们，那么就会心甘情愿地为君王而死了。

【事典】

秦穆公爱抚百姓得善果

因为父亲晋献公的宠妃骊姬进谗，夷吾担心遭到迫害，便长期流亡在外。其后，他在秦穆公和齐桓公的合力相助下，才得以归国即位。史称晋惠公。

原本，晋惠公对秦穆公提出了割让河西地区的条件，哪知他即位后，却以大臣反对为由，自食其言，不愿兑现承诺，时在公元前650年。

晋惠公为人傲慢无礼，但在四年之后，却因国家饥荒之故向秦国提出购粮的请求。在百里奚的建议下，秦穆公没有为难晋惠公，并为之派运了大量粮船。

就在史上所称美的"泛舟之役"过后的第二年，秦国也发生了饥荒，可是目光短浅的晋惠公，置大夫庆郑的意见于不顾，反而听取了虢射的浅见。

对于有恩于晋国的秦国，晋惠公不但不予以救助，还对其发起了攻势。

晋惠公以德报怨，秦穆公自然气愤难当，当即宣布发兵征伐晋国。

次年闰九月，双方在韩原展开激战。没多久，晋军围住了秦穆公的兵车。当是时，左首的骏马已为晋人所擒，而他自己的皑甲，也几乎被射穿至底层。

在这危急关头，突然跑来三百多个农夫，他们用尽全力，与晋军展开殊死搏斗。有了这群勇士的帮助，战场的形势为之大变。

晋惠公的战车陷于泥淖之

秦穆公

中，即将受围，庆郑不愿为之驾车，出言讽谏他一番，转而掉头离去，晋惠公最终为秦军所败，成了战俘。

原来，那三百个农夫，去年曾在岐山得到秦穆公的恩惠。

彼时，秦穆公乘车出行，因为马车出了问题，右侧驾辕的马便跑出了老远。饥饿的农夫不知其来历，便抓住马分食了它。秦穆公寻到马匹后，也没有生气，反而担心他们只吃马肉不喝酒会伤了自己的身体，故此便大方地赐给他们酒喝。

可想而知，如果没有这群知恩图报的农夫的帮助，秦穆公极有可能战败受俘。

事后，秦穆公本打算杀掉忘恩负义的晋惠公，但因穆姬为其求情，便答应放过她这个不争气的弟弟。晋惠公自觉汗颜，回国后传位于太子圉，是为晋怀公。

【释评】

常言道，得人恩果千年记。欠了人情，理应在适当的时机予以报答。

且不说秦穆公对晋惠公有扶立之恩，只说秦国在泛舟之役中的作为，就值得晋惠公以真心来回报。这也是，晋国大夫庆郑力劝惠公还情的重要原因。

可惜的是，晋惠公没有听取他的意见，战败回国之后，晋惠公又杀害了庆郑。

与晋惠公形成鲜明对比的，便是宽容厚道、施行仁德的秦穆公。作为一个成熟的政治家，他知道笼络人心的重要性，并不亚于广地扩土。

秦穆公薨逝后，国人哀之，为之赋《黄鸟》，可见他受到百姓的真心拥戴。

秦穆公嬴任好（？—前621），春秋五霸之一。即位之后，秦穆公重用百里奚、蹇叔，不仅败灭诸国，还协助重耳登位以促成秦晋之好的政治联盟。联盟瓦解后，秦穆公受挫于晋军，又转往西面谋求发展。秦穆公以余由为谋士，成就称霸西戎的霸业。《左传》上称："君子是以知秦穆公之为君也，举人之周也，与人之一也。"

【原文】

水出于山而走于海，水非恶山而欲海也，高下使之然也。

【译文】

水从山中流出奔向大海，并不是因为它厌恶山而喜欢海，而是山和海高低不同的地势使它这样的。

【事典】

刘邦赦免季布赢人心

项羽死后，刘邦成为天下最大的霸主，继而在公元前202年建立汉朝。

新王朝开基肇始，政权亟待巩固。对于项羽的旧部，刘邦须有妥善的处置办法，才能笼络人心。道理归道理，但一向宽大为怀的刘邦，却不想放过逃亡在外的季布。这是因为，季布曾是项羽的得力干将，以前屡次抗击刘邦，使他窘迫不已。

见刘邦出千金来悬赏他的人头，还下令全国上下不得包庇窝藏，季布便躲藏在濮阳周家。为了保护季布，主人剃去了他的头发，还把他当奴仆一般出卖给鲁地的朱家。

朱家也认出了季布。因为季布声名在外，楚人间还流传着"得黄金百，不如得季布一诺"的民谚，朱家对他也极为尊敬，不忍让他受苦受罪。

不仅如此，朱家还跑去洛阳面见滕公夏侯婴，希望他劝说皇帝不要因为私怨而失了民心，毕竟，当初各为其主，季布的做法并无不当。

想了想，朱家又说："季布很有本事，如果陛下追捕过急，他只能跑去匈奴或是越地去寻求政治避难。这样的话，岂不是逼他情愿资助敌国？伍子胥鞭打楚平王尸体的教训，还历历在目啊！"

夏侯婴深以为然，择机向刘邦陈情。刘邦本是个深明大义的人，先前不过是被仇怨冲昏了头脑，才做出这等错事。闻言，他便撤去了追杀令，赦免了季布，还封他为郎中。

刘邦

刘邦不计前嫌，颇具大家风范，一时间贤名远播，感动了一些过去与他作对的豪杰。他们纷纷放弃抵抗，或者效力于朝廷，或者隐居于山林。

在汉惠帝一朝，季布担任中郎将，曾劝谏吕后忍下一时之辱，不要攻打匈奴。在汉文帝时代，季布又做了河东郡守，是个十分尽责的地方官。

【释评】

北宋宰相吕蒙正曾说："楚霸英雄，败于乌江自刎；汉王柔弱，竟有万里江山。"

众所周知，刘邦在当泗水亭长的时候，只是一个不事生产的小混混。那么，这样一个无赖泼皮是如何收聚人心、打下江山的呢？时机固然很重要，但最重要的还是，知人善任的领导之道和高明巧妙的驭人之法。

季布选择归顺，群豪放弃争斗，都是刘邦驭人之术的"战利品"。山高海低，越有谦卑的姿态，越有包纳万物的气度，越容易得到"水"的归附。

在季布归顺汉朝之后，当初在彭城反击战中曾放过刘邦一马的丁公，便放心大胆地去见刘邦，没想却被捆绑示众，以"卖主求荣"之罪被斩杀了。

因为，刘邦既需以季布立德，也需以丁公立威。德威并重，是为帝王心术。

【人物】

汉太祖刘邦（前256—前195），字季，沛郡人，汉朝开国皇帝，"高祖"一称为《史记》之谬。刘邦初为泗水亭长，后被项梁封为武安侯，先入关中消灭秦王朝。在鸿门宴上侥幸得脱，被项羽封为汉王。经过楚汉之争，刘邦建立了汉朝，大封同姓诸侯王，致力于社会发展。朱元璋评曰："惟汉高祖皇帝除嬴平项，宽仁大度，威加海内，年开四百。有君天下之德而安万世之功者也。"

第四卷·冬纪：德为异宝取弥精

【题解】

《吕氏春秋》里的《冬纪》以下，为《孟冬纪》《仲冬纪》《季冬纪》三部分，每纪皆为五篇，共计十五篇。总的来说，《冬纪》讨论的是人的道德品行的话题，这是因为，依照五行之说，属水的冬季是一个万物敛藏精气、以待复苏的季节，最宜于修养自身的德行。这些德行包含的面很广，忠、信、廉是著者有意强调的几点。此外，天子在冬日里祭祀"皇天上帝社稷寝庙山林名川"，为的是祈祝来年之丰。所谓"国之大事，在祀与戎"，祭祀体现了古人对天地神明、自然先祖的敬畏之心。

是故先王以俭节葬死也，非爱其费也，非恶其劳也，为死者虑也。

（《吕氏春秋·孟冬纪第十·安死》）

古之人非无宝也，其所宝者异也。

（《吕氏春秋·孟冬纪第十·异宝》）

至忠逆于耳，倒于心，非贤主其孰能听之？

（《吕氏春秋·仲冬纪第十一·至忠》）

士议之不可辱者，大之也。

（《吕氏春秋·仲冬纪第十一·忠廉》）

智所以相过，以其长见与短见也。

（《吕氏春秋·仲冬纪第十一·长见》）

士之为人，当理不避其难，临患忘利，遗生行义，视死如归。

（《吕氏春秋·季冬纪第十二·士节》）

石可破也，而不可夺坚；丹可磨也，而不可夺赤。

（《吕氏春秋·季冬纪第十二·诚廉》）

贤主必自知士，故士尽力竭智，直言交争，而不辞其患。

（《吕氏春秋·季冬纪第十二·不侵》）

夫私视使目盲，私听使耳聋，私虑使心狂。

（《吕氏春秋·季冬纪第十二·序意》）（一作廉孝）

- 对死者的尊敬与怀念，才是真正意义上的"厚葬"。

- 以德为宝，以仁为先，乃古仁人之道。

- 忠言不逆耳的前提，是敢说和乐听。

- 士可杀不可辱，是因为名节的宝贵，有如珠玉。

- 先跳出常人的情感磁场，再用心去倾听逆耳忠言。

- 在大义的面前，真正的士人，是不惧祸福、不避险难的。

- 缺乏忠肝义胆的内核，国家的前途命运必然岌岌可危。

- 但凡贤主，无不懂得广开言路、亲近士人。

- 私心，会扰乱人的视听和判断。

【原文】

是故先王以俭节葬死也，非爱其费也，非恶其劳也，为死者虑也。

【译文】

所以，先王用节俭的原则来安葬死者，不是因为吝爱钱财，也不是因为讨厌耗费人力，而是为死者考虑。

【事典】

杨王孙裸葬返真

生于汉武帝时代的杨王孙，是为人所称誉的道家，也是一个无神论者。

杨王孙家业殷厚，笃信黄老之术，秉持清静无为的信仰，十分注重养生之道，但还是免不了经受生老病死的人世俗情。

到了晚年，杨王孙病痛缠身，自觉大限将至，便把儿子唤了过来，立下了遗嘱。一般人立遗嘱，多是涉及家财分配，吩咐子女要有悌顺之义等，但杨王孙的遗嘱却很特别——裸葬。

"为父想光着身子入土，以归返我来时的姿态。你们只需挖一个七尺深的墓穴，再用布袋盛装我的尸体，把我竖着倒进墓穴里便可以了。切记，千万不要违背我的初衷。"

杨王孙的儿子口头上虽然应了，但心里对此却很是不解，便写信把这事讲给了父亲的好友祁侯听。祁侯也不赞同杨王孙的做法，便写信来劝阻他。

信中说，死人若是有知觉的话，你光溜溜地跑去见列祖列宗，会不会不太好？《孝经》中都说了，"为之棺椁衣衾"，看看！这是自古以来的圣人教诲，你呀，就别固执己见、标新立异了。

阅毕，杨王孙笑了笑，又写信解释了他的想法："我这么做有两个好处，一是以身亲土，来矫正铺张浪费的不良风气；二是回归本原，来破除关于死亡的迷信观念。"

原来，自从圣人提出"事死如生"的概念后，社会上就日渐兴起了厚葬之风。但其实，厚葬对死者并没什么好处，它既可能造成活人之间的攀比之心，导致不必要的浪费；又有可能因为随葬品太丰厚，被盗墓贼觊觎了去，到时候尸体暴露于野，何其凄惨！

另外，对于死者来说，死亡是人生必然的终点，也是回归的起点。能回到他本来的面貌上去，又有何哀？而道家的主张，便是要人回返到无知无识、无形无声的状态中去。

这么说来，杨王孙裸葬的目的，是矫世，也是返真。祁侯也深以为然，便转而支持他的决定。杨王孙过世之后，如愿以偿地裸葬于终南山，与黄土亲密无碍地共眠。

【释评】

除了矫正世风的用意，杨王孙也认为，在人死的那一刻，即已"精神离形，各归其真"，亲人们实在不必为了毫无知觉的死人劳神费财，助长愈演愈烈的攀比之风。

所谓"尘归尘，土归土"，杨王孙说得的确不错。

起初，人们因为害怕野兽伤噬死者的遗体，便选择了土葬的方式。不过，彼时却处于不封不树的状态。然而，这也无碍于生者对死者的尊敬与怀念。

到了后来，灵魂不灭的说法渐入人心，葬礼规格也越来越大，成了一般百姓的一大负担。且不说，生者的心意，每每被可恶的盗墓贼加以践踏。所以说，厚葬并不能起到让死者安宁、生者安心的效果。

回到当时的历史环境中去，虽说杨王孙的做法并未起到预想中的作用，但他这种致力于改变陋俗的做法，是值得我们为之称赞的。

【人物】

杨王孙，汉中城固县人，西汉时著名的道家、无神论者，生卒年不详。杨王孙提倡裸葬，裸葬比之薄葬更为简单，他希望能以此矫正世风，告诉世人厚葬无益的道理。杨王孙的事迹后被载入《汉书》之中，但其主张在当时并未起到明显的作用。

【原文】

古之人非无宝也，其所宝者异也。

【译文】

古代的人不是没有宝物，只是被他们看作宝物的东西与今人不同。

【事典】

叔向劝人以德为宝

叔向是晋国的公族，在辅佐晋平公期间，他便预言这位奢侈成性的君王会将晋国导向覆灭之地。

有一次，叔向前去拜见韩宣子。这时，贵为卿大夫的韩宣子生活十分贫困。处在社会这个层面，日常交际应酬总是不免的，但他既无足够的财力，也没有拿得出手的荣誉，他怎能不为之愁眉不展呢？

叔向得知后，很认真地向他祝贺。

韩宣子大惑不解，问及缘故，叔向便给他举了栾武子、郤昭子这两个例子。

栾武子是晋国掌管祭祀的大人物，可他的家里却没有多少田产，穷得连祭祀之器都无法备齐。可是，因为栾武子能够遵守法度、传播德行，他的声名便远播于外，得到了诸侯的亲近、戎狄的真心归附。所以，他拥有了足够的德威，让晋国远离危难。

至于郤昭子呢？他的财富非比寻常，恐怕有晋国公室财产的一半那么多；单看家中的奴仆，也赶得上三军的一半。就这样，他在晋国过着穷奢极欲的生活，遭人嫉恨。后来，他的尸体却被摆在朝堂之上示众，成为大家的笑柄。最终，他的宗族也消失在绛邑了。

叔向语重心长地说："要说郤氏，先后出了五个大夫，三个卿，他们的权势还不够大吗？然而，当祸患来临之时，却没一个人同情他们，这自然是因为他们丢丧了德行。

叔向

听了栾氏、郤氏的家族兴衰史，你的心中就没什么触动吗？如今，您的清贫境况与栾武子倒很相似。我希望你能以之为榜样，只应为德行的建立而忧，而不必为财产的不足而发愁。"

听了叔向的这番话，韩宣子恍然大悟，连忙向他下拜叩头，感谢他点醒了自己，以免自己走上道德滑坡的灭亡之路。

【释评】

"骄泰奢侈，贪欲无艺"，是道德败坏的一种表现。

古之君子，心中有一异宝曰"德"。叔向为人正直、识见超群，其滔滔言辞也令人肃然而动。

但必须值得注意的是，不管是巧取郑国、联吴制楚的栾武子（栾书），还是官场不倒翁韩宣子（韩起），在性格上都有瑕疵，前者口蜜腹剑、表里不一；后者被迫暂敛了物欲，但仍旧不甘清贫。

而我们需要学习的，是叔向"建德"的观点和他对韩宣子连吓带捧的劝说之道。

想必，他也知道韩宣子的真实个性，所以才采取了这种劝说方式吧。可不管怎么说，韩宣子能得到一时的警示，总归是一件好事。

【人物】

叔向，即羊舌肸，春秋时晋国的政治家、外交家，其名与郑国的子产、齐国的晏婴相齐，生卒年不详。叔向先后侍奉悼公、平公、昭公，参与维系晋国地位的弭兵会盟、平丘会盟，堪称晋国贤臣。对于其弟羊舌鲋的贪行，叔向也绝不姑息，被孔子称赞为"古之遗直"。叔向主张礼治，其思想却濡染了道家之风。

【原文】

至忠逆于耳，倒于心，非贤主其孰能听之？

【译文】

最为忠诚的言语不顺耳、逆人心，要不是碰到贤明的君王，谁能听取它呢？

【事典】

慕容恪遗荐未果

东晋十六国时期，鲜卑慕容氏一共建立了五个燕国，第一个燕国史称前燕。

慕容恪是前燕文明帝（追封）慕容皝的第四子。因为母亲不受宠，慕容恪在一开始并不为其父所喜，但他长到十四五岁时，凭借满腹的学问韬略，赢得了父亲的关注。

慕容皝对慕容恪青眼有加，让他领军带兵。

此后，慕容恪在抗击后赵、攻伐高句丽、消灭冉魏等多次战争中，都有令人称赞的表现，可说是智勇俱济。而尤为难得的是，慕容恪不仅是一位战无不胜的仁义名将，还是一个长于文治的宗室王爷。

慕容皝驾崩之后，其子慕容儁继承了王位，并在公元352年称帝。七年后，慕容儁生了重病，自知不久于人世，便对四弟慕容恪托以重任。

放眼国外，东晋和前秦都是他们的心腹大患，太子慕容暐又年幼无知，慕容儁便说："朕想效法宋宣公，把皇位传给你。"一直以来，慕容儁都不放心他的兄弟们，但眼下他也只有托孤一条路好走了。

慕容恪当然知道，他这不过是激将之语，便掷地有声地立誓说，他将辅佐少主，成其霸业。

次年，慕容儁病情加重，便诏令慕容恪、慕容评、慕舆根等人受诏辅政。年仅十一岁的太子慕容暐，就这样懵懵懂懂地坐上了皇位。

在辅政期间，慕容恪担任太宰、录尚书事，效法周公当年之事，总理朝政。

秉政之后，慕容恪处死了企图挑动内乱的太师慕舆根，又与太傅慕容评加强协作，一边勤谨治国，一边开疆拓土。在辅佐慕容暐的七年间，前燕由弱转强，成为东晋王朝最强大的对手之一。

因为太过操劳，慕容恪在建熙八年（367）时病重不起。临终之前，慕容恪劝谏皇帝，务必让雄才大略的吴王慕容垂参政，说他是管仲、萧何一般的人物。因担心慕容暐不采纳他的建议，慕容恪还对宗室慕容臧也说过同样的话，但都没听纳其意见。

为慕容恪所荐的慕容垂，是一个文武全才，过去曾拿下洛阳旧都，绝非那个自私寡谋的慕容评可比。临死之前，慕容恪忧心忡忡。他很担心，慕容评会带坏平庸羸弱的皇帝，断送燕国的大好基业。

遗荐吴王不成，慕容恪遗憾地去了，慕容评让慕容暐之弟慕容冲来接替空出的位置。

慕容暐本非英主，在他的纵容之下，慕容评很快便排挤走了慕容垂。慕容垂无处可去，只能逃去前秦苻坚处寻求政治避难，多年后他又趁乱建立了后燕政权。

建熙十一年（370），前燕为前秦所灭，慕容暐也成了苻坚的"座上宾"。

【释评】

古往今来，拒纳良言的昏主总是比从善如流的明君要多得多。

思及原因，大概是因为那些忠诚的言语，往往不那么熨帖人心。

坐上了君主之位，需要时刻保持冷静善断的心态，否则便会任情恣肆，听不进忠言良语，最终害己误国，铸成不可挽回的大错。

撒手人寰之前，为前燕贡献出一生的宗室大臣，仍然在为不成器的皇帝费心安排。从这一点上来说，慕容恪堪称"古之遗爱"的典范。只是，令人惋惜的是，他没能遇上一个贤明的君主。

【人物】

慕容恪（321—367），字玄恭，鲜卑人，前燕宗室，军事家、政治家。慕容恪为人恭谨，十五岁时开始掌兵，多年来战功彪炳，其战胜冉闵的"连环马"之计为后世津津乐道。慕容恪在辅佐幽帝慕容暐期间，实施德治，并不断扩张前燕版图，临终前，他又为前燕规划未来，惜其未成。崔浩评曰："王猛之经国，苻坚之管仲也；慕容恪之辅少主，慕容暐之霍光也。"

【原文】

士议之不可辱者，大之也。

【译文】

士的名节不能受辱，这是因为他们极为看重名节。

【事典】

晏子二桃杀三士

晏子前后侍奉齐灵公、庄公、景公三任君主，在朝野内外受到君民的信任和爱戴。

当时，景公喜好养士，在他的帐下，有公孙接、田开疆、古冶子三人。这三位勇士意气相投，声势相当，素日里颇有些居功自傲的举动。晏子担心他们会目无君上，对齐国造成巨大的危害，便私下建议景公尽早消弭祸患。

"田开疆是田氏家族的人，万一他三人都为田氏所用，臣担心他们会做出上无君臣之义，下无长率之伦之事情。"那几年，齐国田氏的势力空前壮大，对国君的统治形成不小的威胁。

晏婴

景公心有不忍，但事关重大，便只能答应晏子。

经过一番思量，晏子为三位勇士设了一个局。他先请景公以赐赏之名将他们请入殿上；再是为难地说，新产的桃子无比鲜美，但只有两枚，只能分给功劳最大的两个人吃。

公孙接性子急躁，便说他曾捕杀过野猪，搏倒过猛虎，他是最应该得到赏赐的人。

田开疆心下一紧，生怕自己错过了仅剩的一枚桃子，便道："真的勇士，是以战功来论的。想我老田曾两次领军杀敌，说起这开疆之功，有谁能比得上我？我是配吃一整枚桃子的。"

转眼间，两枚桃子就这么没了。

古冶子不禁勃然大怒，他清楚地知道，大家争的是桃，却又不是桃，但凡勇士，没有不爱惜自己名节的。若是他没桃吃的事情传了出去，往后这张老脸还能往哪里搁？

下一刻，古冶子拔剑指责那两人，说他曾保护国君渡河，与河中的大鳖殊死搏斗，其勇、其功都不输他二人，他们怎么就好意思先吃桃子呢？

但听得"哐啷"一声，感觉受到侮辱的古冶子竟然拔剑而出，气得面目狰狞。

听他如此说来，公孙接、田开疆好不羞惭，以为自己是贪婪无耻之辈，遂纷纷自刎于殿上。惊变陡生，古冶子见自己冲动之下，做了不仁、不义、无勇之事，也随之自尽了。

【释评】

有关"二桃杀三士"的故事，不止一个版本，笔者择一而述。

诸葛亮在《梁父吟》中道："一朝被谗言，二桃杀三士。"后来，李白也有《惧谗》一诗，极言"二桃杀三士，诅假剑如霜"之可怖。

在古人的价值观里，晏子的这件事虽是权谋之范例，但也做得不够厚道。故而，"二桃杀三士""齐相计"等语，在后世便成了以诡谋杀人的典故。

恃才傲物、看重事功的三个勇士，最怕的便是受到别人的轻鄙。晏子识破了这一点，便以两枚并不值钱的桃子，挑起了他们之间的攀比心，激化了固有的矛盾，借以消除政治隐患。

这个故事，听起来颇为荒诞，但在春秋时期义不受辱的氛围中，自有其生发的土壤。故此，勇士自刭之后，齐王和晏子反有一丝悔意，其后以勇士的葬礼收殓了他们。

【人物】

晏婴（？—前500），即晏子，字仲，夷维人，春秋时期齐国的政治家、思想家、外交家，辅政五十余年。晏子身材矮小，但能言善辩、极富智谋，努力达成国富民强的初衷，其屡谏齐王和出使外邦的故事，在民间有很高的知名度。孟子评曰："管仲以其君霸，晏子以其君显。"

【原文】

智所以相过，以其长见与短见也。

【译文】

人们的智力水平之所以彼此有差异，是因为有的人富有远见，而有的人却目光短浅。

楚文王亲贤远佞

　　楚文王熊赀是楚国较为出色的国君。即位之后，他迁都于郢，对其父楚武王的事业有所承袭发展，巩固了楚国的统治。

　　在岁月的历练下，楚文王的性格逐渐成熟起来。关于用人，楚文王有一套自己的看法。

　　那时候，有一个叫作芫嚭的臣子，性格十分耿直，时常讥刺君王。明朝藏书家陈第便在《感古》诗中写道："维楚文王，申侯是悦。当身放逐，早绝佞孽。耿耿芫嚭，矫以义礼。"

　　芫嚭时常据理而争，违逆楚文王的心意。对此，楚文王不是没有意见的，他觉得心里十分不安，很是难受。不过，渐渐地，楚文王却觉得芫嚭的很多观点是对的，让自己获益匪浅。

　　于是，楚文王心中大是感激，亲自为他授予五大夫爵位。

　　与之相反的，便是对待申侯伯的态度。如陈第诗中所云，楚文王将此人放逐了。

　　之所以如此，是因为楚文王讨厌他曲意奉承的面目。

　　原来，申侯伯时常打探楚文王的心意，以便于他在建言献策之时，完全迎合对方的想法。最先，楚文王还挺吃他这一套，但时日一长，便懂得了申侯伯的做法，非但不能对君王有所教益，反倒会让人自我膨胀，做下恶事。

　　如果不疏远这种人，楚文王担心自己会为他所累，受到后世圣人的指斥。

申侯伯被楚文王放逐之后，转而来到了郑国。在郑国这个地方，申侯伯死性不改，仍旧以曲从国君心意的做法来侍奉新主。不过三年的时光，他便坐上了高位，执掌了郑国之政。

然而，申侯伯也只风光了五个月，便被受他压迫的郑人杀害了。当初为楚文王所抛弃的佞臣，下场果然很惨。

《感古》诗曰："前古有圣，后世之师。后世有圣，前古之资。"

【释评】

说到用人这个话题，历代君王都有自己的一番观点。

不过，看看楚文王的做法，或许我们便能懂得，什么是真正的用人之道。

君王也是人，从人之常情来说，几乎没有人会喜欢刺头，没有人会不喜欢顺臣，但楚文王之所以为明主，便是他能跳出常人的情感磁场，用心去倾听逆耳忠言。

他们为何要逆他之意？他们为何要固执己见？他们的意见能不能给自己带来好处？

楚文王有这个耐心去观察，他相信，时间是最好的试金石。最后，时间给了他所期盼的反馈。

因为他具有远见卓识，所以小人不能蒙蔽他的眼和心，而贤臣大多能为之所用。《左传》中记载，楚文王曾提拔俘虏彭仲爽为令尹，此人后来帮他开疆拓土，使国界一度到达汝水流域。

即位之后，楚文王长期征战在外，而楚国国政并未因此陷入紊乱之中，不得不说，这与他所受的教育和他善于分辨贤佞的素质，不无关系。

【人物】

楚文王芈赀（？—前677），熊氏，春秋时期楚国国君，一上位便迁都于郢，征伐权、罗、邓、绞、申等国。楚文王以葆申为师，受过严格的教育。和氏璧、桃花夫人、噬脐莫及这些典故、成语都与之有关。楚文王还打破了分封制，创立了县制，成为秦王朝郡县制的滥觞。《韩非子》载："王乃使玉人理其璞而得宝焉，遂命曰：'和氏之璧'。"

【原文】

士之为人，当理不避其难，临患忘利，遗生行义，视死如归。

【译文】

士的为人，面对公义而不躲避危难，面临祸患而忘记自己的利益，舍生行义，把赴死当作回归。

【事典】

豫让誓为知己者死

起初，豫让先在范氏、中行氏那里做家臣，并没有得到主公的优待。

这种情况，直到他效力于智伯之后才得到改善。智伯十分尊重豫让，也很爱惜他的才干。然而，好景不长，智伯很快就被赵襄子杀了。

原本，智伯与韩、魏两家一起攻打赵襄子，没承想赵襄子却说服了韩、魏，三者联合灭掉了智伯，瓜分了他的领地。他们当中，数赵襄子对智伯最为痛恨，他把对方的头盖骨漆成了饮具，时常用来喝酒寻欢。

噩耗传来，逃匿于山中的豫让愤怒不已，决心为智伯报仇。

第一次，豫让伪装成一个受刑的仆人，潜入赵襄子宫中伺机刺杀。赵襄子在如厕之时，突然间警心大动，揪出了豫让。念及豫让的赤诚之心，赵襄子没有杀他，只道："这是一个义士，我不忍杀之，日后我小心避开便是。"

豫让报仇之心日渐急切。

第二次，他使出了狠招，不惜漆身吞炭，毁去自己的相貌，弄哑自己的声音，扮成了一个讨饭为生的乞丐。

朋友认出他来，便流着泪说，以你的本事，完全可以委身侍奉赵襄子，如此一来报仇便很容易了。豫让却说，假装忠诚再去杀人，有悖于君臣之义，不是士人行事之道。他便是死了，也要用他的壮举来羞惭那些贰臣。

做好种种准备后，豫让打算在赤桥伏击赵襄子。哪知，赵襄子的马在过桥之时受惊长嘶，赵襄子觉得不祥，便猜是豫让又来刺杀他。手下人下桥一探，果然如此。

这一次，赵襄子真的生气了，遂责问道："你曾经也侍奉过范氏、中行氏，却为何不找消灭他们的智伯报仇，反倒是真心实意地侍奉这个仇人？"

豫让回道："范氏、中行氏待我并无特别之处，我无须过多地回报他们。而智伯却是以国士待我，我便要以国士报之。"

赵襄子心下感动，但不打算再放过他。

豫让也知绝无活路可走，便请求赵襄子脱下一件衣服，让他刺击几次以报智伯之恩。赵襄子没有拒绝。但见豫让拔剑怒刺衣服，仰首大呼，道："我终于为您报仇了！"

其后，豫让伏剑自刎，其事迹一经传出，即令赵人悲感伤怀。

【释评】

"士为知己者死，女为悦己者容"，这是在中国知名度极高的一句话。

豫让自刎之前，留下了令人唏嘘的千年绝唱，但方孝孺却在《豫让论》对此予以了批评。

在他看来，豫让和智伯之间并不能算作知己。

因为，对于知己，他应该"竭尽智谋，忠告善道，销患于未形，保治于未然"，设法使主人和自己都免受危害。真正完美的士人，是在活着的时候成为名臣，死了之后也成为一个道德高尚的鬼。如此，才能"垂光百世，照耀简策"。

反观豫让，没能拯救危难于事前，然而在事败之后才去"捐躯殒命"，这是一种沽名钓誉的做法，不配被称为国士。

方孝孺的观点看似有理，实则也有漏洞。一则，智伯攻打赵襄子的原因，是对方不愿献出封邑以壮晋国，出发点不可谓不善；二则，豫让即便能预感到韩、魏反戈的危机，也未必能保护得了他的主君。

因此，即便豫让注重声名，而他遗生行义的事迹，依然能够打动人心。

【人物】

豫让，生卒年不详，春秋时期晋国人，先后为范氏、中行氏、智伯的家臣。晋出公二十二年（前453），赵、韩、魏攻杀智伯。为给对自己施以国士待遇的智伯报仇雪恨，豫让忍常人之所不能忍，两次易容谋杀赵襄子。眼见复仇不成，豫让求刺赵襄子的衣服，以为自宽。

【原文】

石可破也，而不可夺坚；丹可磨也，而不可夺赤。

【译文】

石头可以被破开，但不可改变它坚硬的本性；朱砂可以被磨碎，但不可改变它朱红的色彩。

【事典】

文天祥求死殉国

幼年时期，文天祥在学宫中见到欧阳修、杨邦乂、胡铨的画像，便道："他们的谥号都是'忠'，我日后若不能成为他们中的一个人，便枉为男儿。"

及冠之后，文天祥被宋理宗选拔为科举头名。考官王应麟为皇帝得到这样的人才而高兴，称他有着铁石一般的肝胆之心。

文天祥正道直行，刚正不屈，对于宦官董宋臣、奸相贾似道等人，他都疾恶如仇，坚决予以谴责弹劾。自然，他遭到了对方的报复。其后，他的仕途几经沉浮，后被起用为荆湖南路提刑。前宰相江万里便为他的志节而惊讶感慨，希望他能匡扶社稷，坚毅始终。

后来，元军入侵中原。到了朝中告急之时，文天祥就散尽了家财，以江南西路提刑安抚使的名义，带领着召集来的杂牌军入卫京师。

抱定舍身殉国的念头，文天祥不畏艰险，在临安知府、枢密使、右丞相任上都尽忠职守，还曾作为使臣前往元军阵营谈判。眼见不能拗弯这根硬骨头，元朝丞相伯颜便拘下了文天祥。没几日，文天祥潜逃入真州，又屡遭险情，泛海至于温州。

德祐二年（1276）春，元军攻占了南宋国都（行在）临安，俘获了宋恭宗赵㬎。从皇帝退位的角度来说，南宋政权已经灭亡了。但仁人志士都盼望着能为国家续命，进而光复山河。

一方面，赵㬎的兄弟赵昰、赵昺，被大臣保护着逃出了临安，并先后被立为皇帝，陆秀夫、文天祥和张世杰等人功劳甚大。虽然这个流亡政权十分孱弱，但好歹也是国人的精神支柱。

另一方面，文天祥等人不断地组织兵力，对抗元军。在作战之中，文天祥的独子和母亲都先后身故，这依然没能动摇他的复国之计。然而，寡不敌众的文天祥，最终被元军擒锁于五坡岭。

面对元军的胁迫，文天祥严词拒绝写招降信的要求，反而写了一首《过零丁洋》以表心志。其后，得知流亡政权已被彻底剿灭于崖山，文天祥不愿独活，在被押解至元大都的路上绝食多日，最后对元廷提出"但求一死"的愿望。

文天祥

文天祥南拜之后，慷慨赴死。他的妻子欧阳氏在为他收尸时，发现他的衣带里写有赞文。其文曰："孔曰成仁，孟曰取义，惟其义尽，所以仁至。读圣贤书，所学何事，而今而后，庶几无愧。"

文天祥牺牲后，谥为忠烈。

【释评】

一直以来，我们都认为，宋朝的气质太过孱弱。

然而，即便是在这样的氛围下，也不乏仁人志士宁冒断头之险，也不改忠诚之心。力挽狂澜、重整山河，不是一件容易的事，但这又何妨？

"臣心一片磁针石，不指南方不肯休"，是以，千难不惧，万险不避。

《论语》中说，"三军可夺帅也，匹夫不可夺志"；《吕氏春秋》说，"石可破也，而不可夺坚；丹可磨也，而不可夺赤"。无论是儒家还是杂家，都对于人之志节，有着几乎一致的肯定和褒扬。

这是因为，缺乏忠肝义胆的内核，国家的前途命运，必然岌岌可危。而国之不国，家又何以为家，人又何以为人？覆巢之下，焉有完卵！

"我虽死，尔等免用痛心，中国必定胜利！"近代，壮烈牺牲的蚁光炎，曾如是说。时节不居，岁月如流，但坚定不移的爱国精神，亘古未绝，昭若日月。

【人物】

文天祥（1236—1283），字宋瑞，号文山，江西吉州人，南宋政治家、文学家、汉民族英雄，与陆秀夫、张世杰被合称为"宋末三杰"。文天祥秉性刚直，因得罪贾似道而遭罢黜。德祐元年（1275），文天祥自备军资，勤王入京。在抗元大业中，文天祥忠诚始终，被捕后拒绝招降，拒为中书宰相，凛然赴死。于谦评曰："殉国亡身，舍生取义。"

【原文】

贤主必自知士，故士尽力竭智，直言交争，而不辞其患。

【译文】

贤德的君主必须亲自了解士，所以士能对他竭尽智力，直言劝谏，而不会躲避祸患。

【事典】

齐威王纳谏兴国

战国时期，田氏将齐康公放逐后开始称诸侯，仍沿齐之国号。

为与其他六国争雄，田氏在社会改革方面做出了不少的努力，齐威王田齐是其中的佼佼者。

起初，齐威王并不是一个心怀大志的明君，在他即位后的数年里，每日只耽溺于声色享乐，将一国政务都交由卿大夫们

齐威王

打理。眼见齐主不振，周边的韩、赵、魏、鲁等国，自然乐歪了嘴，不时前来侵犯齐国。

有识之士眼见齐国挨打，逐渐沦为"诸侯并伐，国人不治"的弱国，无不是心焦如焚。如何劝说君主理政治国，便成了他们研究的一大课题。

淳于髡先用隐语试探齐威王，说国中有一只大鸟，每日停栖在君主的庭院之中，却三年不飞也不鸣，简直不可思议。

齐威王想起楚庄王当年的回答，便知淳于髡也是想以此例来讽谏他，便回答道："这只鸟，不飞则已，一飞冲天；不鸣则已，一鸣惊人。您不必太过忧心了。"

淳于髡身为客卿，既博闻强识，又能言善辩，就此说服齐威王要居安思危，励精图治。随后，齐威王亲历政务、肃清吏治，并屡次发兵夺回失土，其声威远震诸国，经年不绝。

后来，淳于髡又多次劝说齐威王不要彻夜饮酒，陈说"酒极则乱，乐极则悲"的道理。齐威王也依言而行，改掉了这个毛病。

除了淳于髡，邹忌、姬妾虞姬等人也时常对齐威王进谏。

邹忌本是一个读书人，为了接近齐王以达到劝谏的目的，他便以琴师的身份去见他。到了弹琴之时，邹忌有意借琴道来譬喻治国之道。

他说："治国安邦的道理，实则与音律相仿佛。那大弦声音浑厚，小弦音色明澈，便是国君和相国的象征。弹琴时，控弦先紧后缓，好比是政令之行；音声和鸣而不相扰，好比是四时之法。琴声若是往复不乱，代表着政治清明；琴声若是一气呵成，代表着国祚绵长。所以，我说琴声之中蕴含着治国之道。"

齐威王这才明白，邹忌是个不世出的谋士，遂听取了他的建议，用心治国，并拜他为相。

【释评】

《邹忌讽齐王纳谏》，是出自《战国策》中的名篇。

到了后来，齐威王听取邹忌的谏言，广开言路、从谏如流，并不断地革除旧弊、改良政治，终于达成了"燕、赵、韩、魏闻之，皆朝于齐"的理想效果，成为战国时期的一大雄主。

值得思考的是，无论是淳于髡、虞姬，还是原先身份低微的邹忌，为何都敢劝谏齐威王呢？要知道，伴君如伴虎，一言不慎，随时都可能招来杀身之祸。历史上，这样的案例不胜枚举。

其实，这个问题的关键便在于，齐威王虽然荒废政务，但并不是一个昏暴之主。换句话说，他的身上，具有亲近士人的优点，愿意信任他人的品质。

【人物】

齐威王（前378—前320），田氏，名因齐，战国时期齐国的第四代国君。齐威王本为侯，曾与魏惠王参加徐州会盟，互称为王。齐威王从谏如流、礼贤下士，重用邹忌、田忌、孙膑，为四海贤士筑起稷下学宫，用以改变卿大夫专权、国力不振之旧貌。齐威王在对外军事上亦为一雄，齐人鲁仲连曰：
"周贫且微，诸侯莫朝，而齐独朝之。"

【原文】

夫私视使目盲，私听使耳聋，私虑使心狂。

【译文】

带着私心去看，就会导致眼睛无所见；带着私心去听，就
会导致耳朵无所听；带着私心去考虑问题，就会导致心狂无
准则。

【事典】

梅尧臣怒攻范仲淹

宋仁宗天圣九年（1031），在梅尧臣妻舅谢绛的介绍下，
范仲淹与梅尧臣相识，结为忘年之交，二人成了诗友文朋，曾
以诗文密切酬答。

两年后，范仲淹因劝阻皇帝废后之故，被贬往睦州，梅
尧臣便为之赋诗以示支持。第二年，他在阅读了范仲淹的新作
后，便写下了《读范桐庐述严先生祠堂碑》一诗。在诗中，梅
尧臣还引用了范文中"欲以廉贪夫，又以立懦士。千载名不
忘，休哉古君子"几句。

这时候的梅尧臣，对范仲淹钦服有加。

又过了两年，范仲淹因弹劾宰相吕夷简的原因，被贬到了
饶州。欧阳修等好友，也为营救范仲淹而遭到贬黜。这一次，

梅尧臣正在浙江建德做县令，他很为范仲淹鸣不平，遂写下不少诗作，不仅把他譬为爱国诗人屈原，还力挺朝中的一干正直不阿的人士。

可惜，屋漏又遭连绵雨，范仲淹的妻子病逝于饶州。此时，梅尧臣又寄来了挽诗。范仲淹看后感动不已。虽然梅尧臣比他要小十四岁，但真挚的友谊，多么难得。

照此看来，梅尧臣的政见与范仲淹是极为接近的了？其实不然。

就在此后不久，范仲淹突然收到了梅尧臣寄来的《灵乌赋》。本以为这是忘年交发来的慰藉之作，但没想到，仔细一读才看出对方表面上是在奉劝他要明哲保身，实际上是在讽刺其是一只聒噪的乌鸦。

范仲淹实在不能苟同，便冒着失去朋友的风险，回应了一篇《灵乌赋》。为后世所传颂的"儒者报国，以言为先""宁鸣而死，不默而生"，都是出自此文的妙语箴言。借由此作，范仲淹也是在向那些蝇营狗苟之辈重申立场，发出正义的誓言。

值得注意的是，范仲淹的措辞没有任何攻击性，显得很是高雅，但此时官位节节攀升的梅尧臣，却怒火大炽，又向范仲淹寄来了《灵乌后赋》等多篇诗文。在这些作品中，梅尧臣几乎丧失了理智，不断批评范仲淹的人品。因见范仲淹不予理睬，便将一腔怨愤迁怒于对方的儿子范纯仁，说他跟他的父亲一样，是一只"贪噪豺狼"。

范仲淹过世之后，梅尧臣仍在挽词中攻击他。

因为政治立场的不同，而对一贯交好的朋友口出恶言，其至对其屡加中伤，这明显是带着私心去看人看事。

【释评】

应该说，除了恶意攻击范仲淹之外，梅尧臣一生的污点并不多。

那么，他与旧友交恶的原因和做法，便更值得我们深思鉴取。

后人普遍认为，梅尧臣对范仲淹之所以有这么大的怨意，主要是因为他的仕途不畅，而对方却没有为之加以引援。笔者也赞同这个说法。

在文人圈子里，梅尧臣的知名度还是很高的，钱惟演、欧阳修、范仲淹等人，都十分欣赏他。但由于出身寒素，而又考运不佳，他只能长期担任微职。在此窘境下，梅尧臣自然渴盼高官们能为他说项——欧阳修后来便举荐过他。

可惜的是，范仲淹却没有这样做。想当年，他弹劾吕夷简的原因便是"任用门人"，他又怎么可能随便荐人呢？

虽说这只是个性问题，但在梅尧臣看来，自己有了情感上的"投资"，便应得到相应的"回报"。所以，他未免不满于范仲淹的倔脾气。

再者，后来梅尧臣的官位有所提升，他的一些从政思想也有了变化。这就难怪他和范仲淹会越走越远了。客观地说，这也无可厚非。

但有一点要注意，交友必须理智，断交不可交恶。

【人物】

梅尧臣（1002—1060），字圣俞，宣州人，北宋诗人，与苏舜钦并称为"苏梅"，与欧阳修并称为"欧梅"。梅尧臣反对西昆体，提出"作诗无古今，惟造平淡难"的创作主张，是宋诗领域的开辟人之一。皇祐三年（1051）梅尧臣获赐同进士出身，后参与修撰《新唐书》。胡应麟评曰："梅诗和平简远，淡而不枯，丽而有则，实为宋人之冠。"

第五卷·八览：修身治国须务本

【题解】

《吕氏春秋》里的《八览》，分别为《有始览》《孝行览》《慎大览》《先识览》《审分览》《审应览》《离俗览》《恃君览》，共存六十三篇。其主题虽较为驳杂，但也能理出一个大致的脉络。这个脉络是，从"法天地"（《有始览》）的自然之道说起，从不同层面论证修身治国之道。总的来说，修身治国，都脱不开"务本"二字，有了这个前提，百姓、天子才能懂得去鉴识事物、用民为君。《八览》篇幅很长，名句迭出，诸如"世易时移，变法宜矣"这样的金句，即出自其间。

世之听者，多有所尤。多有所尤，则听必悖矣。

（《吕氏春秋·有始览第一·去尤》）

不知而自以为知，百祸之宗也。

（《吕氏春秋·有始览第一·谨听》）

故论人无以其所未得，而用其所已得，可以知其所未得矣。

（《吕氏春秋·有始览第一·务本》）

古之事君者，必先服能，然后任；必反情，然后受。

（《吕氏春秋·有始览第一·务本》）

凡为天下，治国家，必务本而后末。

（《吕氏春秋·孝行览第二·孝行》）

天不再与，时不久留，能不两工，事在当之。

（《吕氏春秋·孝行览第二·首时》）（一作胥时）

古之得道者，穷亦乐，达亦乐，所乐非穷达也。

（《吕氏春秋·孝行览第二·慎人》）（一作顺人）

君子必在己者，不必在人者也。

（《吕氏春秋·孝行览第二·必己》）（一作本知，一作不遇）

故贤主于安思危，于达思穷，于得思丧。

（《吕氏春秋·慎大览第三·慎大》）

不去小利，则大利不得；不去小忠，则大忠不至。

（《吕氏春秋·慎大览第三·权勋》）

得道之人，贵为天子而不骄倨，富有天下而不骋夸，卑为布衣而不瘁摄，贫无衣食而不忧慑。

（《吕氏春秋·慎大览第三·下贤》）

顺风而呼，声不加疾也；际高而望，目不加明也。所因便也。

（《吕氏春秋·慎大览第三·顺说》）

世易时移，变法宜矣。

故民不可与虑化举始，而可以乐成功。

（《吕氏春秋·慎大览第三·察今》）

故治乱存亡，其始若秋毫。察其秋毫，则大物不过矣。

（《吕氏春秋·先识览第四·察微》）

圣王之所不能也，所以能之也；所不知也，所以知之也。

（《吕氏春秋·审分览第五·勿躬》）

凡主有识，言不欲先。

（《吕氏春秋·审分览第六·审应》）

圣人相谕不待言，有先言言者也。

（《吕氏春秋·审分览第六·精谕》）

故当功以受赏，当罪以受罚。

（《吕氏春秋·离俗览第七·高义》）

尺之木必有节目，寸之玉必有瑕瓋。

（《吕氏春秋·离俗览第七·举难》）

亡国之主，必自骄，必自智，必轻物。

（《吕氏春秋·恃君览第八·骄恣》）

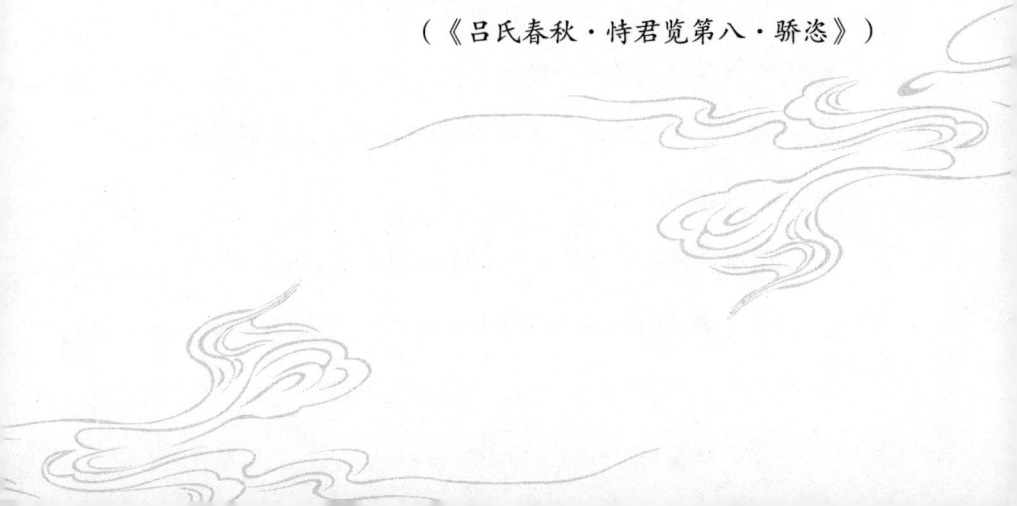

- 理论不等于实践，博学也不等于全知。

- 错失时机，可能会招致"纵虎归山放龙入海"的结局。

- 朝自己的理想飞奔而去，获得最纯粹最圆满的快乐。

- 先成为不可替代的那个自己，再收获他人的尊重与欣赏。

- 寄望于自我，乃为获取成功的不二法门。

- 治国之道，必先本而后末。

- 避开对方的锐芒，站在对方的立场上，去掌握话语的主动权。

- 遇事"言不欲先"，反倒不会出卖自己的心思。

- 唯有洞烛幽微，方能洞若观火。

【原文】

世之听者，多有所尤。多有所尤，则听必悖矣。

【译文】

世上凭着听闻下论断的人，每每受到局限。如果这样的话，那么他凭听闻所下的论断必然是错谬的了。

【事典】

高纬冤杀斛律光

在南北朝时期，北魏分裂为东魏、西魏。到了公元550年，东魏又为北齐所取代。

文宣帝高洋建国后，十分器重斛律光，出征时经常命他打前锋。七年后，西魏政权也为北周所篡。北齐、北周之间，继承了两魏的政治遗产，也延续了两魏间的矛盾，展开了旷日持久的争夺战。

在邙山大战中，斛律光战功彪炳，他的次女也在天统元年（565）成为后主高纬的皇后。此外，他家的子弟皆封侯为将。斛律家的地位，着实令人眼红。

在这鲜花着锦的盛况下，斛律光也没有骄尚的习气。一方面，他骁勇善战，且爱惜兵将，赢得军中上下的一片赞誉；另一方面，他又很担心自己树大招风，于是严谨持家，不愿涉政。

只不过，对于皇帝身边诸如祖珽、穆提婆等佞小，斛律光也忍不住评价一番，认为帝君任用这些人，恐怕会招致亡国之祸。时间一长，祖珽、穆提婆便越发记恨斛律光，但由于此人实在没有污点，他们只能静静等待扳倒他的机会。

对于北周来说，斛律光曾多次击退他们，故此他成了武帝宇文邕的心腹大患。在北齐武平三年（572）那年，北周将军韦孝宽开始设计铲除斛律光。

不久后，两首暗指斛律光造反篡位的歌谣，传到了北齐朝廷之中。其一日："百升飞上天，明月照长安。"百升，便是一斛；明月又是斛律光的表字。

祖珽一听，心中大喜，忙在另一则歌谣加了两句，让市井小二们在路上颂唱不止。

当"高山不推自崩，槲树不扶自竖。盲眼老公背上下大斧，饶舌老母不得语"这样的歌谣传到高纬耳中后，高纬便疑起了斛律光。在祖、穆二人的挑唆下，高纬更加肯定斛律光起了反心，遂将他诓进宫中，命杀手刘桃枝在凉风堂偷袭他。

斛律光中击后，愤然道："你们时常做这些祸国之事，但我是不会做的。"冷血的杀手们，却依然击杀了他。

斛律光卒年五十八岁，高纬将其抄家灭族。

【释评】

斛律光被高纬杀害，时人无不惋惜叹愤。

此时此刻，北齐之殇，却是北周之喜。宇文邕高兴之余，进而大手一挥，对境内的罪囚下了赦免令。北齐自毁长城，五年之后，便尝到了苦果。宇文邕攻灭北齐后，追赠斛律光为上柱国、崇国公，还指着诏书说，如果斛律光没死，他哪里能杀到邺城来！

可见，高纬受到一时的蒙蔽，到底铸下了怎样的大错。

北齐是个暴君庸主频出的朝代，后主高纬也不例外。他虽然倚重斛律光及其家族，但更为信任甜言蜜语的权臣和近臣。

其时，高纬是个雄才大略的能主，而他却为人所蒙蔽，偏听偏信，不懂得"去尤"的重要性，自然难免身死国灭的下场了。

【人物】

斛律光（515—572），字明月，朔州人，北齐名将。斛律光少随父斛律金征战，以骑射著称，后为高欢长子高澄的亲从，赢得"落雕都督"的美誉。斛律光武功显赫，为东魏、北齐政权的建立稳固做出了很大的贡献，且毫无私心，但终为庸主高纬所冤杀。北周武帝宇文邕道："此人若在，朕岂能至邺！"

【原文】

不知而自以为知，百祸之宗也。

【译文】

不知道却自以为知道，这是各种祸患的根源。

【事典】

王安石惩戒苏轼

《警世通言》中，曾讲述了一个有关菊花诗的故事。

故事里说，苏轼在任职湖州期满之后，赴京听候新的任命。有一天，他去王安石府上拜望，暂时被安置在书房，等待对方的接见。

苏轼意态悠闲地在书房走动，突然间，看到一篇诗稿，便凑近了去看。这首题为《咏菊》的诗只写了一半，曰："西风昨夜过园林，吹落黄花遍地金。"

从笔迹上看，毫无疑问是王安石所书的。一霎时，苏轼纳闷了。因为，菊花在秋季盛放，最是能傲霜斗寒的，就算在枝头焦干枯烂，也不会落下瓣来。

苏轼这么想，也很正常，后来，南宋诗人郑思肖便在《寒菊》中写道："花开不并百花丛，独立疏篱趣未穷。宁可枝头抱香死，何曾吹落北风中！"

因此，苏轼以为，王安石的这句"吹落黄花满地金"，是有悖于情理的表达。苏轼不禁对此嗤之以鼻，便依韵往后写道："秋花不比春花落，说与诗人仔细吟。"这分明是在笑话对方没常识。写罢，他隐隐有些不安，便没有跟对方碰面，径自走了。

之后，苏轼被委任为黄州团练副使。这是因为，王安石想煞煞他的傲气，给他尝尝苦头。

苏轼去了黄州之后，到了重阳节便与朋友陈季常一起去园中赏菊。由于前几日刚刮了风，眼下菊花几乎都从枝头上落下来了，尽数洒在园中，看上去粲然一片。苏轼顿时间傻眼了。

原来，王安石诗中所咏的菊花，是一种产于黄州的品种。苏轼将先前的事情讲给陈季常听了，才自悔道："哎！我竟不知黄州的菊花会落瓣！王荆公将我左迁至此，便是为了让我看菊花吧！"

这个教训实在来得太大了点。不过，自此以后，博学多才的苏轼，也知道没有人是全知全能的，处世的态度也谦虚得多了。

【释评】

《警世通言》不过小说家言，后人皆知这个故事的可信度并不大，但它能流传至今，并为人所津津乐道，自然是因为其中蕴含着深刻的道理。

这个道理，用《论语》的话来说，便是"知之为知之，不知为不知，是知也"；用《吕氏春秋》的话来说，则是"不知而自以为知，百祸之宗也"。

前者说，实事求是才是明智之举，因为唯有这样的人才会有知不足而后进的谦虚态度。一个不愿承认自己的知识有所缺漏的人，很难说他会正视自己的问题，得到更大的发展。

后者的重点却放在了"祸"字上。这是说，以不知为知，不仅是学风人品的问题，更攸关人之祸福。举个例子来说，赵括自小熟读兵书，自以为精通于此道，却哪知他竟然死搬兵书条文，完全不知变通，最后落得个兵败身死的结局。

所以说，理论不等于实践，博学也不等于全知。遇事谦谨一些，总归是有好处的。

【人物】

王安石（1021—1086），字介甫，号半山，谥文，封荆国公，临川人，北宋著名改革家、文学家、思想家。王安石于熙宁三年（1070）担任同中书门下平章事，执行包括均输法、青苗法、市易法、保甲法等在内的新政，一定程度地改变了北宋积贫积弱的局面。他在文学、思想方面，也有可称道之处，位列"唐宋八大家"。黄庭坚评曰:"一世之伟人也。"

【原文】

故论人无以其所未得,而用其所已得,可以知其所未得矣。

【译文】

所以评论人不要依据他还没做成的事情,而应依据他已经做成的事情,这样去评论,就能推知他还没做成的事情了。

【事典】

崔浩舌战太史令

北魏神䴥二年(429)间,太武帝拓跋焘打算再度北伐柔然。

之所以作此决定,是因为拓跋焘即位不久,柔然纥升盖可汗大檀就率兵攻陷过盛乐。盛乐是拓跋鲜卑的旧都,绝对不容外族侮辱。那一年,十六岁的拓跋焘亲征而出,艰难退敌。后来,北魏也曾多次对柔然用兵。

在长期的征战中,拓跋焘益发认为,柔然的存在是北魏征服北方割据势力和南朝刘宋政权的一大障碍,所以他制定了先征服柔然再消灭其他政权的战略目标。

对此,窦太后及朝中多数大臣都不予支持。

在尚书令刘洁等人的推荐下,太史令张渊、徐辩更依据天象发表了北伐必败的看法。

张渊是北魏的重臣，先前他效力于前秦政权，曾劝阻苻坚不要发起攻灭东晋的淝水之战，事后证明，他的预言十分应验。不仅如此，此人但有所言，几乎没有一事不被言中。故此，朝廷上下一众文武都对他十分信服。

　　然而，拓跋焘的心意十分坚决，他找来了东郡公崔浩为他"呐喊助威"。

　　就这样，崔浩和张渊、徐辩之间展开了一场激烈的辩论。

　　出身名门的崔浩也是一个精通阴阳术数的人，在辩论的一开始，他便用天文天象来批驳对方。他说："出现日食之时，君主需要积德；出现月食之时，就须减轻刑罚。古来帝王用刑，小则处决犯人，大则加兵于外敌。如今，我们出兵征讨有罪之国，便是顺应天意，加强刑罚之举。依臣看来，当下月亮运行遮蔽昴星，这就表明，我们能破旄头星之国——柔然、高车皆为旄头星所属的部众。"

　　张渊、徐辩见说不过崔浩，便称征伐柔然这等远荒之地，不仅毫无意义，而且花费巨大。

　　崔浩便带着一丝轻蔑之意，道："你们啊！如果谈及天文，还可说是本职。现在说起天下的大势，哪有什么发言权？要知道，这套来自汉朝的陈言腐语，已是老生常谈。因为，柔然本是我们的藩属国，现下背主而去、作乱于境，未免太过分了。我们北伐柔然，是在做一件诛杀逆首、解放百姓的好事。况且，百姓们能为国朝效力，怎会毫无用处呢？"

　　他顿了顿，最后掷出一番话："世人都信服张、徐之预言，我就想问，在咱们攻克统万城（胡夏的都城）之前，他们有没有显现出溃败的征兆呢？若说你们不知道，那是能力不足之故；若是知道却不事先提及，那就是对至尊不忠！"

这话说得张、徐惭愧不已，无言以对。

【释评】

崔浩舌战服众之后，拓跋焘分兵北伐，收获甚丰，成功解除了柔然对于北魏的军事掣肘，为统一北方的大业奠定了坚实的基础。

说回到崔浩的舌战现场。他能将对手打击得毫无还口之力，主要靠的是他最后一番言辞。张渊、徐辩二人，一向自负于究览天人的预见能力；而崔浩更是精于此道，便抓住了对方本该做成但并未做成的事件，来攻击他们所谓的"超能力"。

"用其所已得，可以知其所未得矣"，看来，张、徐二人的预测本领，也不过尔尔。崔浩的逻辑便是，他们既无法预测攻克胡夏的结果，自然也没能力预言北伐柔然的胜败。

其人逻辑之缜密，可管窥一斑。

【人物】

崔浩（381—450），字伯渊，清河人，北魏卓越的军事家、政治家。崔浩为三朝元老，自比为张良。崔浩早年因反对迁都、议立储君等事，名声初起；他更是太武帝统一北方的重要参谋，并助其打通了河西走廊的商道。崔浩官至太常卿，封东郡公，死于"国史之狱"，后来太武帝十分后悔。《魏书》评曰："政事筹策，时莫之二，此其所以自比于子房也。"

【原文】

古之事君者，必先服能，然后任；必反情，然后受。

古代侍奉君王的人，必须先贡献出才能，然后才能担任与他相称的官职；必须先审视自己，然后才能接受合理的俸禄。

【事典】

薄疑不做事不为官

薄疑是战国时期卫国的一个贤人。

当时，卫嗣君对大臣如耳和妃子世姬都十分看重。可他心里却很担心，这两个人会因为自己的宠爱，而忘了自己的本分，做出一些蒙蔽自己的事情来。

思来想去，卫嗣君便打算提高薄疑的地位，来与如耳分庭抗礼。他又为魏姬进了位分，让她与世姬不相上下。这样一来，这两拨人之间便能互为制约，他自己也省心不少。

一开始，卫嗣君十分诚恳地请求薄疑来做官。

他说："先生不要嫌弃我们卫国小，认为在孤这里做官不值得。但是，您要知道，我是有能力满足您做官要求的。孤可以让你做上卿。"

卫嗣君是个说到做到的人，他立马给薄疑划了土地。

薄疑却对卫嗣君道："在小民的家中，我的母亲十分疼爱我，她认为以我的才能，即便是去大国做国相，都是绰绰有余的。可是，母亲平日里对家中蔡姓巫婆的话言听计从，哪怕是和我商量过的事，最后都还是要听取她的意见。"

"这事可十分稀罕了。"

"是啊，我能料理国事，自然也能议论家事。所以，尽管我的母亲与我那么亲密，那么相信我的能力，可还是免不了对外人更为亲近、信任。这让我怎么放心来给您做官呢？"

"这话从何说起？"卫嗣君困惑了。

"是这样的。现在我和君主之间，连我和母亲那样的亲密关系都没有，这在感情基础上就差了一截。与此同时，在您的身边充斥着蔡巫婆一类的人物。比起我家里的蔡巫婆来，这些人更为可怕，因为他们手握权柄，便有行私的可能。可我这个人，讲究依法做事，实在难以宽赦这种人。到时候，非法与合法两相对立，可怎么办好呢？"

按照薄疑的意思，朝中的佞臣还在，他的才能不能得以施展，他也无法对此做出贡献，所以他不能担任官职。他并非因为看不起卫国小，才不愿意做官的。

其后，卫嗣君明白了他的意思，薄疑才肯做他的臣子。

【释评】

做官，固然不能对君主怀有二心，但也不能满足于尸位素餐。

在过去，溜须逢迎之辈往往比冰雪肝胆的君子，更招君主的喜欢。于是，他们的仕进之路，变得无比顺畅。

薄疑是个忠诚且有远见的人，若他为官，便要有一个确保他能履行职责的氛围。因此，他以譬喻的方式，告诉卫嗣君他不愿为官的原因。

其一，他没有在为官前贡献出才能来，所以不具有做官的资格；其二，他也不能肯定他能在日后的岗位上贡献才能，所以不敢去做官。

表面上看来，薄疑是在和君主谈条件，其实这恰恰表明他恪守职责的高尚品质。卫嗣君重用他，可谓明矣。

【人物】

卫嗣君（？—前293），姬姓，名不详，战国时期卫国的国君，于公元前330年自贬"侯"号为"君"。此时，卫国地寡而国贫，只占有濮阳一地，但卫嗣君不失为一个较为关心政务、好察微隐的君主。死前，卫嗣君命殷顺且为相，辅佐公期为君，是为怀君。

【原文】

凡为天下，治国家，必务本而后末。

【译文】

凡是统治天下，治理国家，必先致力于根本，而把非根本的东西放在后面。

【事典】

明宣宗务本造盛世

史称的"仁宣之治"，是由明成祖的子孙朱高炽、朱瞻基所造就的。前者，只在位一年；后者，则在位十一年。可以说，对仁宣之治的构建起到主要作用的，是明宣宗。

这一时期，社会较为安定，经济平稳发展，文化欣欣向荣，国力也相对强盛。

经过洪武、永乐两朝的经营，社会发展已臻小康局面，但也有一些弊政亟待改良。故此，明仁宗朱高炽初登大宝，即在内政方面做了一些调整。其后，朱瞻基也继续推行这样的政策。

这里面，最令人称道的，是"与民休息"的基本国策。

所谓"与民休息"，首先便是尽量不扰民。

为此，朱瞻基在当政期间，多次下旨罢采木。在宣德三年（1428）冬，朱瞻基狠狠地惩罚了锦衣指挥钟法保，将他投入牢狱之中。这是因为，钟法宝奏请在东莞采珠，朱瞻基认为他这种做法，有烦民利己的嫌疑。

其次，是"坐皇宫九重，思田里三农"，谨记劝农重谷之事。

朱瞻基曾在《耕夫记》中说"农之于田，春则耕，夏则耘，秋而熟则获，三者皆用勤也"，又在《捕蝗诗示尚书郭敦》这类的诗中，告诫官署要"拯民于水火，勖哉勿玩愒"。这并不是一种政治作秀，事实上，他也十分关注农事、体恤民情。

一方面，他遵照旧制，进行垦荒僻壤的工作；另一方面，他在轻徭薄赋之余，也时常对部分地方减免税收。比如，在宣德七年（1432）时，罹受水患的嘉兴、湖州等地，便得到了免税的优诏。

最后，须注重教化。

在朱高炽统治期间，曾下诏慎用刑律。朱瞻基继承了父亲的做法，又在此基础上推行教化，诏令官员们对百姓进行普法教育。用他自己的话来说，百姓之所以会犯法，主要原因还是施政者没予以足够的引导。

在仁、宣二宗统治期间，上下官员能各称其职，政令纲纪能清平修明，百姓们仓廪实而知礼仪，无怪会被史家美称为"仁宣之治"了。

【释评】

明朝的国策，是从一开始的法度严整，到之后的宽严相济，再到仁宣时期的与民休息。

这样的思路，是符合当时的社会发展的。

通过前几任皇帝的经营，明朝已是一个令四海威服的大国。不过，频繁的战事未免让百姓有些穷于担负，在此情形下，民心思定的呼声渐渐涌动。

仁、宣二帝顺应这种潮流，将更多的精力投入到内政上面，不过十一年的时间，便缓和了社会矛盾，推动了社会生产力的发展。因而，史学家们盛赞其"功绩堪比文景"。

值得一提的是，西汉建立之后，便开始采取休养生息的国策。这种国策，一直执行到文、景二帝之时，前后长达六七十年。而明朝，却是在发展农业生产之余，也持续不断地对外进行扩张。至于"仁宣之治"，则诞生于明朝建国六十年后。

若问原因，这自然是因为两个朝代的国情不同，但应该注意的是，哪怕是在政权初立、巩固皇权的时候，明朝的统治者们也没忘记务本于民，只是这种重视的程度不及仁宣时代罢了。

总之，无论在何时，治国之道，必先本而后末。

【人物】

明宣宗朱瞻基（1398—1435），明朝第五位皇帝，年号宣德。朱瞻基幼承庭训，时常随祖父朱棣征伐蒙古。即位后，朱瞻基平定了汉王之变，其后罢兵交趾，施行与民休息的国策。在内阁三杨——杨士奇、杨荣、杨溥等人的辅佐下，"民气渐舒，蒸然有治平之象"。朱瞻基在书画之上也可"与宣和（宋徽宗）争胜"。《明史》曰："英姿睿略。"

【原文】

天不再与，时不久留，能不两工，事在当之。

【译文】

上天不会给人两次机会，时机不会长久地停留，人的才能不会在所需时于两方面都达至精巧的程度，事情成功的关键在于恰逢其时。

【事典】

项羽纵虎归山失良机

秦亡以后，刘邦依照之前的约定，风光地进入了咸阳城。

眼见豪华富丽的宫殿，刘邦有些不能自持，但樊哙、张良等人却劝他应该注意吸取秦亡的教训。为了长远的目标，刘邦最终听劝退兵，驻守于灞上。

其后，刘邦延请来当地的名士，与之约法三章——杀人者死，伤人及盗抵罪，他还废除秦王朝的苛政峻法，因而得到了百姓的支持。

这一头，项羽击败了章邯，也匆忙领兵而来，意指关中。

刘邦自有他的谋士，而项羽的谋士也不差劲。听闻刘邦军中传出刘邦想在关中称王的流言，项羽十分生气，亚父范增也对他进言说，刘邦现在不取财物，不慕女色，其志不在小，而且还有五彩云气罩在灞上。此人不可不除，如今正是良机。

项羽

这话没说错，驻军于新丰鸿门的项羽大军，此时有四十万兵力；而对方不过十万兵力。

在这个紧要关头，楚军的左尹项伯，因与张良有故，便跑去劝服他不要自蹈死地。哪知张良格外看重信义，不愿独活，又示意刘邦拉拢项伯。刘邦便在项伯跟前"自剖心迹"，说他没有称王的野心，并与之约为儿女亲家。

项伯信了刘邦的说辞，并劝服项羽不要对他动手。

第二天，刘邦亲自来鸿门向项羽谢罪。为了保命，刘邦言辞极为谦卑，先是解释他无心争位；再是按捺住焦躁的心绪，在鸿门宴上假装镇定；最后，在樊哙的建议下，刘邦以如厕为由，溜之大吉。

在宴席之上，范增屡次以玉玦暗示项羽杀刘邦，但项羽都对此视而不见。无奈之余，范增便请项庄请求舞剑，以期趁其不备而除之。可惜的是，因为项伯有意护住刘邦，未能成功。

事后，张良奉刘邦之名，留下来道歉，并将玉璧和玉斗分别送给项羽和范增。让人奇怪的是，项羽没有因为刘邦的不辞而别而动怒，倒是范增生气地敲碎了玉斗，叹道："唉！项羽这小子，不可与之共谋大事！日后夺天下之人，必是刘邦无疑！"

后来，果如范增所料，刘邦开创了帝王基业。

【释评】

中国人有句挂在口头上的话，是说"过了这个村没这个店"。

话中的寓意再明白不过。当机会来临之时，一定要把握住机会；否则，一旦错过这个机会，就再也得不到它了。

把这话用来评价鸿门宴上项羽的表现，是很恰切的。在当时，项羽的声望和兵力都达到了极盛，他若能下定决心，除掉眼前的这个劲敌，日后便不会招来楚汉之争的局面。

深究其因，项羽之所以放走刘邦，不只是因为其寡断之性；他心中真正所忌惮的，是自己的名声。可他却不知，这种沽名钓誉的做法，可能会纵虎归山放龙入海，遗祸无穷。

再看看刘邦，他才不管什么虚名！刚一回军营，他便将叛徒曹无伤诛杀了。

抓住时机，当断则断，这便是刘邦对于"时机"的理解。可见，此人能成就霸业，实非偶然。

【人物】

项羽（前232—前202），名籍，泗水人，勇猛善战，为秦末著名的农民起义领袖。前期，项羽随叔父项梁举事于吴中；后在巨鹿之战中，大破章邯主力。项羽自号为西楚霸王，都于彭城，封了刘邦等十八个诸侯王。最后，项羽在历时四年的楚汉之争中落了下风，自刎于乌江之畔。对手刘邦评曰："项羽有一范增而不能用，此其所以为我擒也！"

【原文】

古之得道者，穷亦乐，达亦乐，所乐非穷达也。

【译文】

古代得道的人，不得志时也高兴，得志时也高兴，高兴的原因不是得志或不得志。

【事典】

范仲淹不易其志

宋太宗端拱二年（989），范仲淹出生。

第二年，其父范墉死于任上，母亲谢氏无以为依，只能带着范仲淹改嫁长山朱氏，并改称作朱说。

范仲淹在朱家，时常遭人耻笑。得知家世后，他决心苦读入仕，以改变命运自立门户。苦读于醴泉寺的范仲淹，一心只读圣贤书，丝毫不计较身外之物。

当时，范仲淹没有多余的钱，便在晚上煮一点小米粥，等粥隔夜凝固后，再用刀划为四块，早晚各吃两块，而下饭的菜，也只是一些腌菜。

有人见他苦读有志，便为他送来美食佳肴，以改善伙食，但没想到范仲淹却谢绝了。他的理由是，他已经安于划粥割齑的生活，他担心自己一朝吃上美食，往后便"由奢入俭难"了。

这就是说，他之所以读书，本就不是追求个人享受。

那么，范仲淹读书的目的，仅仅是为了光耀门楣吗？一开始可能是的，但在数年的寒窗苦读后，他逐渐通晓了儒学的要义，进而确立了更高的志向，那就是"慷慨兼济天下"。

所以，他才能那么理智地谢绝他人的好意。

真宗大中祥符四年（1011），范仲淹又到应天书院去读书，史料上说他"昼夜苦学，五年未尝解衣就枕。夜或昏怠，辄以水沃面。往往饘粥不充，日昃始食"。那时，即使生活和学习的条件稍有改善，范仲淹仍然坚持吃粥，每日只着眼于读书习武的生活。

但凡读书人，将来都想着要面圣做官的。范仲淹也不例外，但他与一众学子不同的是，当皇帝路过应天府，人人都争先恐后地跑去看龙颜的时候，他却依然埋首书堆之中，淡淡道："将来再见也不晚。"这当然是出于他的自信。

范仲淹

终于，在大中祥符八年（1015），范仲淹一举进士及第，时年不过二十七岁。

后来，范仲淹官至参知政事，位极人臣，但他一直坚守兼济天下之志，尽管物质极为宽裕，也极力倡导清廉俭朴的家风。

【释评】

范仲淹所提倡的仁人志士的节操，用他自己的话来说，便是"先天下之忧而忧，后天下之乐而乐"。这是从为君分忧、为民请命的角度来说的。

但我们从另一个角度来看，他却是一个一直走在快乐道路上的人。这是因为，不管是做布衣小吏，还是出将入相，在范仲淹的心底，都始终只有"兼济天下"这一件事。

无论际遇如何，朝自己的理想飞奔而去的人，才能获得最纯粹最圆满的快乐。此公不愧为得道之人！

正如金朝文人元好问在范仲淹祠堂中所书："文正范公，在布衣为名士，在州县为能吏，在边境为名将，在朝廷则又孔子所谓大臣者，求之千百年间，盖不一二见。"

以往，孔子赞美颜回不会因为"一箪食，一瓢饮，在陋巷"而不胜其忧，反而自得其乐。倘若他能看见晚生范仲淹，想必也会对他赞誉有加的吧！

【人物】

范仲淹（989—1052），字希文，吴郡人，北宋思想家、政治家、文学家，谥号"文正"。范仲淹幼年丧父、无奈改姓，后苦心读书，以天下为己任。进士及第后，范仲淹虽因秉公直言而频遭贬谪，但不改其志。后来，他致力于巩固西北边防，发起了庆历新政，在文武方面都有卓越的贡献。王安石评曰："一世之师，由初起终，名节无疵。"

【原文】

　　君子必在己者，不必在人者也。

【译文】

　　君子依仗自己的东西，不依仗别人的东西。

【事典】

霍去病封狼居胥

　　汉武帝建元元年（前140），霍去病出生于平阳公主府。

　　他的父亲是一位小吏，母亲则是公主府的奴婢卫少儿。由于霍仲孺不敢与他相认，霍去病便成了身份尴尬的私生子。

　　不过，他的命运在他出生后的第三年，已经开始有了转机。

　　建元二年（前139）春，卫子夫被做客于平阳府的汉武帝带回宫中，并于次年身怀有孕，被汉武帝封为夫人。卫子夫的大哥卫长君、二哥卫青都得到了重用，她的大姐卫孺、二姐卫少儿也分别嫁给了太仆公孙贺、詹事陈掌。

　　作为卫子夫的外甥霍去病，自然也会受到格外的关照。在舅舅卫青的影响下，聪明好学的他，对骑射、击刺等武艺都很精通。

　　那时，卫青以建章监和侍中的身份，常伴皇帝左右听政。后来，他又走上战场，七征匈奴，成了汉王朝的梁柱。

　　元朔元年（前128），卫子夫为汉武帝生下皇长子，旋即被册封为皇后。五年后，十七岁的霍去病被委任为骠姚校尉，前后两次随同卫青出击匈奴。在漠南一带，霍去病率领八百轻骑入战，斩获甚丰，被拜为骠骑将军，封为冠军侯，享邑一千六百户。

元狩二年（前121），霍去病又被授为骠骑将军。其后，他出兵河西地区，重创匈奴浑邪王、休屠王部，共歼敌四万余人，俘虏了匈奴王等一百多人。这年秋天，霍去病又成功奉迎了率部降汉的匈奴浑邪王。

到了此时，大汉朝才拥有了对河西地区的控制权，进而打通拓展了西去的道路。

两年后，卫青、霍去病奉旨出征，意在歼灭匈奴主力。霍去病深入敌境，不畏险阻，最终消灭了七万敌军，俘虏了包括匈奴屯头王在内的重要人物八十余人。霍去病乘胜追击，在狼居胥山筑坛祭天。这一次，匈奴势力不得不远遁而逃，他们和汉朝的攻守之势，完全颠倒过来了。

自此以后，"封狼居胥"也成为我国武将所渴冀的最高荣誉之一。

归朝后，霍去病被拜为大司马，与卫青共掌军政。

【释评】

霍去病对汉朝的贡献，不只在于他的战绩，还在于他对于汉军战术观念——由骑兵射击转为以骑兵冲锋肉搏模式的改革。这在古代军事史上，也是具有里程碑意义的一件事。

在日常生活中，人们往往耻于谈及"裙带关系"。大家普遍认为，靠关系坐上直通车的人，基本上没什么拿得出手的本事。殊不知，无论是全靠自己白手起家，还是靠裙带关系得以崭露头角，没有本事的人都不能在那个位置上坐得长久稳固。

卫青、霍去病便是如此。起初，他们的确是凭借卫子夫的缘故才得到汉武帝的任用，但他们却很清楚，这种关系不足以成为自己的依仗。唯有自己能成为不可替代的那个自己，才有可能获得皇帝的信任、社会的好评。

"君子必在己者"，寄望予自我，乃为获取成功的不二法门。

【人物】

霍去病（前140—前117），平阳人，西汉时期著名的军事家、战将。在十七岁时初上战场，在河西之战、漠北之战中都有特异的表现，还创造了直取祁连山、"封狼居胥"的神话，因而被拜为大司马，掌管军政。汉武帝惜其英年早逝，以其陪葬于茂陵，谥为景桓侯。《史记》曰："直曲塞，广河南，破祁连，通西国，靡北胡。"

【原文】

故贤主于安思危，于达思穷，于得思丧。

【译文】

所以贤明的君主在安全的时候就会想到危险，在显赫的时候就会想到困窘，在获得的时候就想到失去。

【事典】

明成祖居安思危

明成祖朱棣即位以后，十分勤政。

某一日，他视朝已毕，在右顺门审看奏章。由于太过专注投入，朱棣差点把御案上的一个镇纸掀到地上去。当时，从旁侍奉的给事中耿通，忙将镇纸往里边挪了挪。

这个动作，打断了朱棣的思考。

他呼了一声"好险"，继而感叹道："一个小小的器物，若是把它置于危险之所，它也就处境堪忧；反过来，要是把它放在安全之所，它便能安然无恙了。"

顿了顿，他想起在奏报上所见的国事，又指着那尊镇纸，慨然道："天下万事，可比小小的器物来得重，难道朕能把它们置身于险地吗？如今天下虽然大定，但仍不可居安而忘危。所以啊，咱们应对小事，必须要有谨慎的态度。否则，处理不好的小事一旦多了，就会累积成国之大患。同样，咱们犯了小错，也必须及时去修正他。否则，没有改过的小错一旦多了，就会汇集成国之大祸。"

既然朱棣将"天下"视之为"大器"，他便抱着居安思危的心态来处理国事。

他把儒臣们递上的《大学正心章讲义》读了很多次，对其中"静心寡欲"的道理尤为欣赏。他认为，身为人君，如能克制自己的欲念，必能安处守心，他的作为也能顺应天理。

"为人君，但于宫室、车马、服事、玩好无所增加，则天下自然无事。"朱棣时常用这样的话来警醒自己。所以，他会及时地停办采办天花的旨意。所谓天花，是一种特殊的蘑菇。在永乐四年（1406）时，朱棣曾派宦官李进，前往山西去采买。

当地人称"君不见，五台山上产灵葩"，这种蘑菇，多长在巉岩绝壁，采之甚艰。朱棣不想滥用民力，便下了罢令。要知道，这天花蘑菇，色如玉、味如瓜，樵牧得之如获璧，是一种极为难得的美食。

不过，朱棣深知，滥用民力的后果是很严重的，因此便克制住了自己的欲念。

有的时候，外使也会进贡一些诸如玉碗之类的美物。每当这种时候，朱棣一般都没有接受。像是府库当中已有的物件，则尽量提高它们的使用率，而不是随意去添置。

其实，朱棣并非吝啬之人，在五征蒙古、七下西洋等国务之上，他也很舍得花钱。所以说，他"苛待"自己的原因，是为了把经费节省出来，用在天下大器之上。

【释评】

在明朝历史上，懒政误国或是志大才疏者为数不少，但明朝初期的几位皇帝，都称得上是勤政爱民、励精图治。朱棣每年的休息时间少得可怜，据史料记载，唯正月十一日往后的十日而言。

朱棣宵衣旰食，所为何？这固然是因为他的皇位得来不易，他极度渴望成为一个文治武功齐备的皇帝，以超越自己的父亲和侄儿，流芳于青史之上；但更主要的原因，还是他以"天下"为"大器"，不能不居安思危、躬勤政事。

用他自己的话来说，那便是"天下虽安，不可忘危，故小事必谨。小不谨而积之，将至大患，小过必改，小不改而积之。将至大坏。皆致危之道也"。

安而思危，达而思穷，得而思丧，此之谓贤主。

【人物】

明成祖朱棣（1360—1424），明太祖第四子，明朝第三位皇帝。建文帝朱允炆即位之后，行削藩之策。燕王朱棣发动了靖难之役，在建文四年（1402）称帝于南京，年号永乐。朱棣在位期间，设置内阁、敕修《永乐大典》、五征蒙古、收复安南、营建北京、七下西洋，文治武功皆首屈一指。《明史》曰："幅陨之广，远迈汉、唐。成功骏烈，卓乎盛矣。"

【原文】

不去小利，则大利不得；不去小忠，则大忠不至。

【译文】

不舍弃小利，就不会得到大利；不舍弃小忠，那么大忠就不会实现。

【事典】

虞公贪宝以亡国

起初，晋献公诡诸有意拿下虢国，便让荀息向虞国借道。

荀息明白晋献公也想攻打虞国的心理，便建言道："如果我们要向虞国借道，一定要送给他一些礼物。垂棘所产的玉璧、屈邑所产的马，都不错。"

晋献公面有难色："垂棘之玉璧，是我晋国先君留下的宝贝。屈邑之名马，是我心爱的骏马啊。要是虞国接受了礼物，而不给我们借道，那该如何是好？"没有说出口的话却是：就算借了路，我也舍不得拿这么大的代价去换取。

虞公

荀息胸有成竹地回道："您不必担心。您想呐，若是他们不想借道，定然不会接受这样的大礼，我们没有任何损失；反过来，若是他们受了礼借了道，我们也只是暂时付出了代价罢了。给了他们礼物，总能拿回来的嘛。这就好比是我们把玉璧放到宫外的府库里，把骏马拴到宫外的马槽旁。您还有何顾虑呢？"

闻言，晋献公大悟。

不久后，荀息向虞公献宝，请求借道。

虞公一见那宝玉和骏马，心里就直痒痒，恨不得马上答应荀息。

此时，宫之奇却悄悄劝谏道："您不可以答应他。我们虞国和虢国相邻相守，彼此间互为依存的关系，就像是牙床骨和颊骨一般，一损俱损。前人就说过：'唇竭而齿寒'。虢国之所以能存留，是靠着我们虞国；我们虞国之所以能立国，也是仗着有虢国啊！倘若您借道给晋国，恐怕虢国一沦亡，我们也跟着覆灭了。所以，怎么能借道呢？

宫之奇说得句句在理，可惜虞公一意孤行，答应了荀息。宫之奇预料大祸将至，遂带着族人逃到了曹国。

冬日里，荀息灭掉了虢国，便打起了虞国的主意。

为了迷惑虞公，晋人班师回国时，又把劫来的财物分送给虞公。虞公自以为交了个豪爽的好朋友，更是满心欢喜，遂答应让晋军大将里克驻军于虞国京城附近。晋献公趁机约虞公打猎，便于施展调虎离山之计。

晋国灭掉虞国，可谓不费吹灰之力。在此战中，虞公和大夫百里奚，均为之所俘。

【释评】

灭掉虞国后，荀息捧着玉璧、牵着骏马，忙不迭跑去见晋献公。

晋献公一脸喜色，欣然道："玉璧还是那样子，马的年齿倒是长了一点。"这是说，他非但毫无损失，还有人帮他把马养得大了些。简言之，就是划算。

《吕氏春秋》中对于虞公贪宝之事评论道："小利，大利之残也。"此言得之。

虞公虽然算不得聪明，但如果他能克制住贪欲，认真听取宫之奇的劝谏，也不会无端招致灭国之祸。毕竟，当时虞国和虢国的关系很好，有着互帮互助的习惯。他们之间若是精诚合作，晋国未必敢来衅扰；即便来了，两条胳膊或许也能拧得过一条大腿。

历史上，将荀息的这个计谋称之为"假道灭虢"。在军事方面，不少人都采用过这个招数，比如楚文王借蔡灭息、秦惠王借道伐蜀等等。

因为贪图小利，而失去戒心，继而丢失君位，确实是糊涂至极的做法。

【人物】

晋献公姬诡诸（？—前651），春秋时期晋国君主。为了巩固君位，晋献公起用荀息等异姓人为卿大夫，一举废除了公族大夫制度。他先后灭掉了骊戎、耿、霍、魏、虞、虢等国，终至"并国十七，服国三十八"的伟业，但此雄主却因宠爱骊姬而导致内乱，不免令人叹惋。司马贞评曰："献公昏惑，太子罹殃。"

【原文】

得道之人，贵为天子而不骄倨，富有天下而不骋夸，卑为布衣而不瘁摄，贫无衣食而不忧慑。

【译文】

所谓得道的人，是尊贵到有天子之尊却不骄横傲慢，富足到有天下之财却不放纵自夸，卑下到做百姓而不觉得失意屈辱，贫穷到无衣食而不感到忧愁恐惧。

【事典】

齐桓公五顾小臣稷

齐桓公有意招揽一个叫作小臣稷的隐士，不惜纡尊降贵去往他的住处。

令人意外的是，齐桓公一天之中去了三次，都没能见到他。齐桓公的随从们对此意见很大，都说小臣稷是刻意躲开国君的，他这个做法太没礼貌了。

当齐桓公决定再次去拜访小臣稷的时候，随从都纷纷拦阻，道："一个大国的君主，几次三番地去见一个平民，却还

没能见着他的面。您还
不如就此作罢！"

齐桓公却摇摇头，
说："你们说得不对。在
这个追名逐利的世上，总
有一些士人看轻爵位俸
禄，与世俗格格不入。这自然是因为他们轻视高高在上的君主，
所以才不屑与他们打交道。反过来，那些对王霸之业没有兴趣的
君王，对于看不起自己的士人，也没什么好态度。"

"既然如此，您何必执着如此呢？"随从不解。

"你们想啊！小臣先生他是因为看轻爵位俸禄，才看轻君
王的。而孤，却很在意王霸之业啊！"齐桓公点到即止，没有
再说。

悟性不高的随从，却没有完全明白他的用意，但这没有妨
碍齐桓公访士的热情。最终，他如愿以偿地见到了小臣稷。

三国西晋的史学家皇甫谧，曾在《小臣稷》中写道："公
叹曰：'吾闻布衣之士不轻爵禄，则无以助万乘之主；万乘之
主不好仁义，则无以下布衣之士'。于是五往，乃得见焉。"

可见，齐桓公后来又去了两次，才见到了这位"大牌"。
在《三国演义》里，罗贯中极力渲染刘备三顾茅庐的故事，不
知是否从齐桓公五顾小臣稷这个典故里得到了启发。

且不看齐桓公晚年的昏聩之事，在他统治前期，为了达成
王霸之业，的确有着礼贤下士的姿态。比如说，齐桓公听从鲍
叔牙的意见，赦免了曾经伤过他的管仲，不久后拜之为相，听
由他对齐国进行大刀阔斧的改革。再比如，齐桓公也对刚逃到

齐桓公

齐国的田完态度亲切，命之为工正。

【释评】

对于齐桓公礼遇小臣稷一事，《吕氏春秋》认为，"世多举桓公之内行，内行虽不修，霸亦可矣"。这是说，齐桓公在私生活方面虽有一些不检点之处，但他有这样的好士之心，无怪能称霸于世了。

同样的，在《小臣稷》一文的收尾，皇甫谧也点评道："桓公以此能致士，为五霸之长。"看来，后世对于霸主的核心素养，都有几乎一致的看法。

纵观古今，我们可以发现，有道的士人和位尊势重的君王，往往互相打不上眼。而他们如此傲视彼此，最终也无法投合交契，成就更好的自己。

唐人韩愈曾论："位益尊，伺候于门墙者日益进，夫位益尊则贱者日隔。"他这是在说，官位越高越容易和百姓产生隔膜。官员且有这种心态，更不用说龙血凤髓的君王了。

所以说，一个意在王霸之业的君主，必须要有虚怀若谷的胸怀。

【人物】

齐桓公姜小白（？—前643），春秋五霸之首。经历内乱之后，齐桓公即位为君，任用管仲为相，励行改革，齐国国力一时大盛。在军事方面，齐桓公东征西讨，参加了北杏会盟、葵丘会盟等大国会议，还打出"尊王攘夷"的旗号，确立了霸主地位。可惜，他晚年昏聩，没能善始善终。晏子评曰："不能终善者，不遂其国。"

【原文】

　　顺风而呼，声不加疾也；际高而望，目不加明也。所因便也。

【译文】

　　顺着风呼喊，声音没有变大，却能从远方听到；登上高处四望，眼睛并没有变亮，但能看到远方。这是由于凭借的东西对我们有利啊。

【事典】

惠盎因势说宋王

　　惠施有个近支族人，叫惠盎，他既是战国时期的知名辩客，又是宋康王的杰出谋臣。

　　起初，惠盎谒见宋康王时，并没有引起对方的兴趣。宋康王想早点撵走他，便有意跺脚咳嗽，还提高嗓门，道："孤不喜欢听你满口的仁义道德，我喜欢的是孔武雄健的人。所以，您到底有何见教啊？"

　　言下之意自然是——你快走吧，别在我的跟前唠叨不休。

　　听了这话，惠盎也没生气，只回道："这样吧，小民只问大王一个问题，可以吗？如果说现在我有一种道术，可以让一个勇武的人，无论如何都刺不中您，大王您愿意学习吗？"

　　宋康王道："好，这正是孤要听的，请讲。"

　　惠盎接着说："不过，这剑虽无法刺进您的身体，但您却确实受辱了啊！现在，我还有一种道术，能让人具有刺您的力量和能力，但不敢刺您击您。大王对这种道术有兴趣吗？"

"好，这也是孤想了解的。"宋康王笑道。

见宋康王认真听他说话，惠盎又道："但有一点，大王您要注意。那些人虽然最终没敢刺您，但有过这些想法。这也是一件可怕的事！如果我说我还有一种道术，能够让人连这样的想法都没有，大王可对此有意？"

宋康王自然很高兴。

然后，惠盎又告诉他，他还有让天下的人都敬他的道术。

最后，惠盎才切入正题，道："像孔丘、墨翟这样的人，他们的品德便胜过了这些道术。他们从来就没有一寸领土，也没有长期担任的官职，但他们无论走到哪里，都能得到君主一般的尊荣，官长一般的尊敬。普天之下，没有人不是对他们翘首以待，祝盼他们平安顺遂的。如今，我的大王，是拥有万辆兵车的大王啊，您在身份地位上是远远高于他们的，倘若您有志于得到百姓真心的敬慕，那么一定能得到远超孔丘、墨翟的声誉！"

这番言辞，让宋康王无言以对，等到惠盎走出后，他才感慨道："这个人很善辩啊，他用他的滔滔之词，说服了朕。"

【释评】

《吕氏春秋》中，对惠盎劝谏宋康王之事点评道："宋王，俗主也，而心犹可服，因矣。因则贫贱可以胜富贵矣，小弱可以制强大矣。"

可见，在吕不韦和他的门客看来，宋康王只是个资质平庸的君王——其武力征服别国的功业不过尔尔。不过，即便是这样的一个人，依然有能被人说服的可能性。懂得语言艺术的人，即使是贫贱弱小之人，亦可制服富贵强大之辈。

试想，粗俗傲慢的宋康王，怎会承认自己在那一刻被惠盎说服了呢？这是因为，惠盎懂得抓住宋康王好战的心理，以此为依凭，才能做到因势利导、循循而进。

总之，避开对方的锐芒，站在对方的立场上，便有可能掌握话语的主动权，进而转守为攻，达到自己的目的。

【人物】

宋康王偃（？—前286），战国时期宋国末代国君。宋康王以武力取得君位，十年后称王。在位期间，宋康王东败齐国、南击楚国、西挫魏国、消灭滕国，号为"五千乘之劲宋"；但由于施行暴政，终导致内乱国灭。宋康王出奔后，死于温邑。

【原文】

世易时移，变法宜矣。

【译文】

社会在变化，时代在发展，变法也应该跟上形势了。

【事典】

"财相"刘晏理财富国

天宝十五年（755），刘晏避乱于襄阳。

唐肃宗李亨任命刘晏为度支郎中，主要负责江淮的租庸事务。几年后，刘晏担任户部侍郎，并兼任度支、铸钱、盐铁等使。其间的大部分职任都是有关于财政方面的，这使得刘晏的理财能力得到了相当程度的锻炼。

而后，刘晏因事遭贬黜，唐肃宗以御史中丞元载取代刘晏，全国的财政大权都落入元载之手。

在安史之乱时期，朝廷经费紧张，便想从富商那里获取钱财。所谓的"十分收二"的"率贷"便发生在唐肃宗年间。江淮、蜀汉地区的富商大户多受其难，以至于出现"商旅无利，多失业矣"的惨淡景象。

此外，唐肃宗还复设了盐铁铸钱使一职，以垄断专卖的方式为朝廷创收。

到了宝应元年（762）年中，唐代宗李豫又任命刘晏担任旧职，还兼任京兆尹。经过一年的职任调整，刘晏以御史大夫之职，又兼东都、河南、江淮等地的转运、租庸、盐铁、常平使。

三年后，刘晏和第五琦共同管理国家的财政赋税，在此前后，刘晏在榷盐法、漕运、常平法等方面都做出了合乎国情的改革。

针对盐政过于专霸所带来的弊端，刘晏先将原有政策改为"民产－官收－商销"的"官商分利"的模式，并在国内十三个主要的产盐区设立巡院，还制订了"常平盐"制度。

如此一来，不仅官方和销售官盐的私商都能获利，还能加大对私盐的稽查力度，抑制非产盐地区的盐价。不久以后，食盐专卖的收入较之过去持续增长，十余年间翻升至十五倍。这无疑是一种成功的尝试。因此，"官商分利"的做法也为后代所承袭。

在漕运方面，刘晏一定程度地提高了造船的预算，以防官吏因挪用公款之故，降低了漕船的质量。同时，他还雇佣水手屯驻于漕运路线上，用以加强督运，以免漕粮遭劫。

在常平法方面，刘晏以"贸迁"之法，于经济活力旺盛之地，改进了原来的常平法。一是由中央直接经手，统一调度，而不是像之前那样各行其是；二是增加常平的品种，在粟、豆等粮食品种之上，扩添为"万货"。

改进常平法之后，"万货"的周转速度大大加快，市场资源也能及时进行调配。政府在常平法上所获之利，远非昔日可比。

【释评】

到了唐德宗李适年间，大唐国库的收入比安史之乱时增长了十五倍之多。国库充盈，唐德宗才有更充足的信心，去进行他的削藩大业。

刘晏不愧为大唐王朝的财神爷。可惜的是，唐德宗枉杀刘晏后，其后继者再难维持当年的局面，唐王朝终于没能走出财政的困局。

细察刘晏的经济改革措施，不难发现，他是始终坚持专营政策的。而这套办法，来自战国时期桑弘羊的平准、均输等制度。为此，史家们以之为桑弘羊在世，予其"敛不及民而用度足"的历史评价。

不过，刘晏不是一个食古不化的人，值此皇权不振之年，他不得不结合当前的国情，运用更为灵活巧妙而充满弹性的手段。

刘晏改革的成功经验，便是懂得"变法宜矣"的道理。

【人物】

刘晏（716—780），字士安，曹州人，中唐时期著名的经济改革家。刘晏自小具神童之名，担任过吏部尚书、度支使等要职。针对安史之乱后经济凋敝的情况，他在榷盐法、漕运和常平法等方面进行了改革。刘晏为杨炎所谮死，后唐德宗李适又为其加赠司徒。金章宗完颜璟评曰："理财安得如刘晏者，官用足而民不困，唐以来一人而已。"

【原文】

故民不可与虑化举始，而可以乐成功。

【译文】

所以，不能和寻常百姓商议改变现状、创基拓业的大事，但能与他们分享成功的喜悦。

【事典】

子产不惧改革阻力

子产是郑国公子子国之子。郑简公十二年（前554），国君以子产为卿。

刚一开始治理郑国时，百姓们便在歌中唱道："我有田畴，而子产赋之。我有衣冠，而子产贮之。孰杀子产，吾其与之。"由此看来，他们都十分憎怨他，巴不得他去死。

可是，三年后，百姓们又歌颂道："我有田畴，而子产殖之。我有子弟，而子产诲之。子产若死，其使谁嗣之？"这是在担心，子产一旦死了，谁还有能力继承他的事业。

前后三年而已，百姓们对子产的态度有了一百八十度的转变，这是为什么呢？

原来，子产所进行的这一场自上而下的改革，引起了国人的抵触情绪，贵族们尤其如此。二十年前，子驷的改革之所以失败，就是因为丧田者发起了暴乱。不过，子产有非改革不可的理由。

此时，郑国贵族占田过多，导致井田制遭到较为严重地破坏。子产思虑一番，便打算延续子驷"为田洫"（为田造洫）的做法，在田制方面进行一番改革。

子产

其具体做法大致是，划定公卿与士庶的疆界，把农户编入什伍，按地亩的多寡对私田征税。所期待达到的效果是划清城乡之别，使得国人懂得上下尊卑之分，进而去维护公室的利益，并明确自己的责任。

一如《孔疏》中总结的那样，"为田洫"这项改革涉及了四族，而"此四族皆是富家，占田过制。子驷为此田洫，正其封疆，于分有剩则减给他人，故正封疆而侵四族田也"。

所以，不出意外的，子产的改革仅在一年之内也遭受了剧烈的抨击。既得利益者不满于自己遭受的损失，纷纷咒骂驱逐他，期间还发生了丰卷攻击子产，而子产险逃晋国之事。所幸，罕虎及时保护了子产。

三年的时光匆匆而过，富于执行力的子产，终于等来了他

所要的结果。土地不均的现象明显减轻了，生产力也得到了发展。在绝大多数人都能获利的情况下，百姓们便对改革越来越拥护了。

【释评】

"大人忠俭者从而与之，泰侈者因而毙之"，这是出自《左传》中的文字。

彼时，支持子产的人并非没有，但为数不多，而"泰侈"的既得利益者，对他却是憎之、恨之，故而化身一枚枚随时可能引燃的炸弹。

往往，改革者都会承担巨大的风险和压力。可是，他们深知历史的车轨滚滚向前，于个人而言，固然不能做挡车的螳螂，但也不能满足于原地踏步。他们应该做的，是顺应时代、改良社会的大事。

眼见天制方面的改革已然成功，子产又进行了"作丘赋"的改革。简言之，就是依土地人口之数来上交军赋。这项改革，可以达到打破国野分界、扩大兵源的效果，完全合乎春秋末期的大势。

与之前的改革一样，国人的特权被削弱甚至剥夺了许多，他们仍然也怀有抵触情绪，但子产的决心从未动摇。

《吕氏春秋》中议论说，舟、车刚出现时，人们都不习惯，过了三代才知道它的好处。事业之所以成功，全在于执行者的决断力够强，手腕够硬。

【人物】

子产（？—522），名侨，先后辅佐郑简公、郑定公，春秋时期杰出的政治家、思想家。在秉政期间，子产进行了"为田洫""作丘赋"等政治经济方面的改革，又与楚、晋等国积极展开外交，郑国一度出现了中兴的局面。在哲学史上，子产首次对形神关系、人性观念等哲学问题进行了思考探讨。孔子评曰："古之遗爱也。"

【原文】

故治乱存亡，其始若秋毫。察其秋毫，则大物不过矣。

【译文】

因此治乱存亡的事情，在它们刚出现时就像秋毫一般。如果能明察秋毫，那么就不会导致大事出现过失了。

【事典】

采桑女引发吴楚大战

公元前527年，在位四年的吴王夷昧过世了。临终前，他原本照着吴王寿梦的遗命，让弟弟季札继承王位，不过，因为季札的避让，吴国人便拥立夷昧之子僚为吴王。

在吴王僚统治期间，楚国占据着淮河流域，吴王为了入主中原，常与之争夺淮河流域。

当时，在楚国边境，有个城邑叫作卑梁。由于卑梁与吴国的边境相接壤，吴国的姑娘有时也会跑过去采桑叶。其实，在采桑姑娘们的内心，并没有什么家国之别。

不过，很遗憾的是，在嬉戏之时，吴国的一个姑娘误伤了卑梁本地的姑娘。这位姑娘顿时便翻了脸。不多时，卑梁人便把这件事，由个人之见的误伤上升到了国家与国家的矛盾层面上去。

当吴人见到气势汹汹前来问罪的卑梁人时，应对的态度也很不恭敬。卑梁人被激得怒火大炽，一冲动便杀死了对方。这个吴国人的亲属自然不依，于是便前去报复，杀死了肇事者的一家人。

很快，这件事就被卑梁的守邑大夫得知了。

"混账！吴国人竟敢攻打我楚国的城邑！"没有保护好自己的子民，守邑大夫羞愤交加，便发兵去攻打吴国边境，连老弱妇孺都不放过。

没几日，吴境被侵凌的事情传到了吴王僚的耳中。这件事，发生于吴王僚九年（前518）。

前一年，吴王僚派公子光攻打楚国，并在鸡父大获全胜，将其前太子建之母接到了吴国。这场战争，在史上被称为"鸡父之战"。因为双方曾进行交战，吴王僚当然认为楚人是有意挑衅，故此勃然大怒，立刻派人领兵攻打楚境，将之夷为平地，又夺取了居巢、钟离二城。

应该说，由采桑女所引发的大战，是鸡父之战的延续。

【释评】

今天，我们把一种由初始时期的小能量所引发的一系列连锁反应，称作"多米诺骨牌效应"。

从国家层面来看，这种效应无非就是"秋毫"与"治乱存亡"之间的对应关系。

应该说，采桑女之间的矛盾，称不上是什么大矛盾。不过，因为当时正处于吴楚争霸之期，所以才引发了两国之间的争端。

这个事件的一开头，是楚国的卑梁人沉不住气，但发展到了后来，却是两个国家的君主都丧失了理智。至于结果，战胜的吴国固然是欢喜无限，而失守的楚国却陷入了巨大的痛苦之中。其灾祸的源头，便是未觉察到"秋毫"可能引发的多米诺骨牌效应。

【人物】

吴王僚（？—前515），春秋时期吴国的第二十三任君主。公子僚为吴人拥立为王。在其十二年的统治时期内，吴王僚重用堂兄弟公子光，屡次征伐楚国，并接纳了伍子胥。伍子胥后将刺客专诸推荐给公子光，后来，专诸用鱼肠剑杀死了吴王僚。公子光取而代之，是为吴王阖庐。司马贞称："光既篡位，是称阖闾。王僚见杀，贼由专诸。"

【原文】

圣王之所不能也，所以能之也；所不知也，所以知之也。

【译文】

圣贤的君王有所不能，故而才能有"所能"；有所不知，故而才能有"所知"。

【事典】

齐明帝事必躬反遭累

隆昌元年（494）七月下旬，南齐权臣萧鸾提议新安王萧昭文为帝，改元延兴。其后，萧鸾晋升为太傅，晋爵为宣城王。萧鸾大权在握，几乎控制了萧昭业的衣食起居，不日后就以皇太后的名义下诏，废黜了这个所谓"幼小体弱"的皇帝。

萧鸾遂以齐高帝侄子的身分坐上了皇帝宝座，是为齐明帝。

因为皇位得来不正，萧鸾即位之后便对齐朝宗室们百般猜忌。典签这种位卑而权重的官员，是专门用来监视宗王的。典签始于前朝刘宋，到了萧鸾统治时期，权势达到巅峰。至于有可能对皇权构成威胁的萧道成、萧赜的子孙，几乎都被他屠杀了。

他对待宗王是这样，对待官员们也没好到哪里去。因为他的办事能力很强，又不放心让臣子办事，所以每日都事必躬亲，要求他们必须将署中事务呈报于他，由他来裁断判定，才能去依令执行。

按说，作为皇帝裁决一些政务也很应该，但他所管的范围实在是太宽了，不仅包含朝中的六署九府，还远涉辖境内的各个郡县。那些日常事务，本是一介小吏就能解决的，而今却要经过皇帝的首肯才能去办理，其工作效率自然格外低下。

与此同时，萧鸾自己也被弄得很疲倦。因为朝中的人事调动情况极为复杂，而无专门的吏部予以管理，萧鸾便也捋着袖子，逐一去解决处理。这样一来，他的事务便更为忙碌了，说是夙兴夜寐也不为过。

此时，南康王的侍郎钟嵘（《诗品》的作者）实在看不下去了，便上了一封奏章，诚恳地提出意见："过去那些圣明的国君，经常是量才而用，让属下去办他能胜任的事。所以，那个时候'三公坐而论道，九卿作而成务'，天子只需垂拱而治，便可以了。"

看罢奏章，萧鸾以为钟嵘是在说他不愿放权，心里很不痛快，便对太中大夫顾暠说："钟嵘是谁来着？朕都不知他是谁，还想来干涉朕的事务！你认识他吗？"

此时，钟嵘确实还没什么名气，顾暠也承认这一点，却恭敬地附议道："他虽然位卑无名，但他所提的意见，也有一些可取之处吧？陛下啊，您肩上所承担的事务的确太过繁重，也太过琐碎了。国朝不是都有专门的部门来管理吗？你又何必全部包揽过来，躬身处理呢？如今，臣子们拿着薪俸无所事事，而您却搞得十分劳累，这是何苦来哉？古人说得好啊，这是'代庖人宰而为大匠斫'。"

虽然此语切中肯綮，无奈萧鸾一意孤行，只一笑了之，顾左右而言他。

因为病累交加，萧鸾还没撑足五年，便撒手人寰了。

【释评】

很显然，齐明帝萧鸾将大权小事独揽于己身的原因，一是忌心，二是信心。

前者还好理解，而后者却让人有些啼笑皆非。为何这么说呢？

先以汉高祖刘邦为例，他在总结自己成功经验的时候，便说"此三者（张良、萧何、韩信），皆人杰也。吾能用之，此吾所以取天下也"。

再以宋仁宗赵祯为例，有人说他"虽百事不会，但却会做官家。"什么叫作会做官家？用钟嵘的话来解释，就是"揆才颁政，量能授职"；用顾暠的话来解释，则是"烦琐职事，各有司存""人主愈劳而人臣愈逸"。

　　是的，不管是打天下还是治天下，能做好皇帝这份职业的人，都懂得在该放手的时候放手，该收紧的时候收紧。毕竟，皇帝也是人，也只有一双手一只脑。事必躬亲如萧鸾，最终只能导致心力交瘁、难享天年的结果。

　　所以说，有所能、有所知，不是为君者的大本事；明明有所能、有所知，却故意有所不能、有所不知，才是一个明君的真本事。

【人物】

　　齐明帝萧鸾（452—498），字景栖，兰陵人，南朝齐第五任皇帝。萧鸾在建武元年（494）自立为帝。为加强统治，他监视诸王、自翦宗枝，致力于整治吏政。萧鸾事无巨细、操劳过度，私下里又奢侈重欲，加上北魏孝文帝迁都改革，在军事上一直对南齐施加压力，并攻取了沔北五郡。内忧外患之间，萧鸾很快便病重不治了。死后，其儿孙也被人屠戮殆尽。《南齐书》曰："既而自树本根，枝胤孤弱，贻厥不昌，终覆宗社。"

【原文】

　　凡主有识，言不欲先。

【译文】

　　凡是有见识的君主，谈话时都不想先开口。

宇文邕寡言惑敌

西魏大统九年（543），西魏权臣宇文泰等来了他的第四个儿子，即后来的北周武帝宇文邕。

在宇文邕即位之前，北周还有两个傀儡皇帝，一是孝闵帝宇文觉，一是明帝宇文毓。这两个人，分别是他的三哥和大哥。他们都因为"不听话"，而命丧于权臣宇文护之手。令人深觉讽刺的是，宇文护是宇文泰的托孤之臣，本来得到他的高度信任。

在十二年的漫长时光里，宇文邕也毫不意外地成了宇文护的牵线木偶。然而，不同的是，宇文邕是遵明帝之遗诏而即位的，他不是由宇文护推上皇位的。但更为不同的是，宇文邕最终扳倒了宇文护，成了一代英主。

那么，即将中毒离世的宇文毓，为何拼着最后一口气也要传位于鲁国公宇文邕呢？

原来，宇文邕自小便特别孝顺双亲，而且为人聪明有志。更重要的是，身为大哥的宇文毓，知道他是一个才高识远，却又极为低调的人。在五年的傀儡生涯里，宇文毓时常向宇文邕询问政事，但他由始至终都不愿意轻言政务。

不过，只要宇文邕一发表意见，往往一针见血，因此，宇文毓由衷地赞道："此人不言，言必有中。"

武成二年（560）四月，年仅十七岁的宇文邕登上了皇位。从哥哥们的败亡经历里，宇文邕得出了不少的教训。他深知宇文护的地位极为稳固，不是年少势弱的他所能撼动的。因而，本就寡言少语的宇文邕更加沉默韬晦了。

他对宇文护不仅没有流露出一丝的不满情绪，还对其加官晋爵，封为大冢宰、都督中外诸军事，把政事都交由对方决断。其后，宇文邕又设法迎回了宇文护的母亲（为北齐所虏），对她也极尽奉承之能事。

宇文邕使出这么多的烟幕弹，无非是为了迷惑宇文护，使他丢掉忌防之心。明里，他是尊奉着宇文护；背地里，他却在暗暗积攒实力。

到了建德元年（572），宇文邕准备一举铲除宇文护的势力。

那一天，他趁着宇文护返回长安之际，请他入宫帮自己劝谏太后不要饮酒。宇文护不疑有他，便接住了宇文邕递来的《酒诰》，对着太后念了起来。说时迟那时快，宇文邕忙举起玉珽猛击他的脑袋。

见宇文护跌倒于地，宦官何泉、弟弟卫公宇文直一齐杀死了宇文护。而后，宇文邕又诛灭了宇文护的子孙和党羽，得以亲政。

【释评】

说到宇文邕，人们皆知他是一代明君。

很多史家都认为，若是宇文邕没有英年早逝，那么，他极有可能结束三百余年的乱世，之后的隋唐大一统王朝，兴许就不会出现了。

能获得这样高度评价的皇帝，又是从何时开始才得以独立执政的呢？要知道，他虽然当了十九年的皇帝，却做了十二年的傀儡。可以想见，除掉心腹之患，是宇文邕寤寐以求的事情。

十二年啊！他蛰伏在这个梦想之中，实在是太久了。

如果不是他一直有着"沉毅有智谋""常自晦迹，人莫测其深浅"的性格，心存诛除国贼的志虑，他又怎能忍受得了长年累月的精神折磨？

自古而今，成大事者，有几人是聒聒不休之辈？

请谨记，遇事"言不欲先"，反倒不会出卖自己的心思。

【人物】

北周武帝宇文邕（543—578），鲜卑人，北周第三位皇帝。武成元年（559），宇文邕被封为鲁国公，以其善断的优点深获明帝信任。即位之后，宇文邕以寡言隐忍之术，除掉了宇文护。其后，他致力于整顿吏治、改革府兵制，又灭掉了北齐，统一了北方。在进伐突厥之时，宇文邕病死，年仅36岁。《周书》评曰："一二年间，必使天下一统，此其志也。"

【原文】

圣人相谕不待言，有先言言者也。

【译文】

圣人之间相互晓谕不必靠言语，思想往往先于言语被表达出来。

【事典】

苌弘智识晋使

苌弘，是东周时期蜀地人，以方术之事侍奉于周王室，在卿士刘文公的手下担任大夫。

平日里，苌弘职掌天象、历法的观测、验算，对周王室的生活、祭战等事预测祸福吉凶。在五十年左右的职业生涯中，苌弘不可谓不竭忠尽智。

此时，周天子的地位十分尴尬，"王室衰微，诸侯坐大"的局面很难被破解，就连周敬王的上位，也是因着晋国的支持。

然而，苌弘却设法利用自己的所学，一次次地为周天子巩固权力、维护尊严。比如说，他有意设射"貍首"，希望能借由鬼神之力，震慑各个诸侯国，从而让他们服从于天意——礼敬天子。

苌弘的做法，引起了许多人的评议。卫国大夫彪傒便说过："自打幽王以来，而今已历十四世之久。苌弘却想着振兴王权，简直是痴人说梦。"

虽说苌弘一介孤勇之人，不过，他的智慧和忠诚，一向令人感佩万分。

起初，盛气凌人的晋襄公，遣人来对周天子说："近来君主重病缠身，咱们用龟甲占卜，说这场灾祸是三涂山山神降下的。因此，君主派臣来，请求周王能借道让我们去三涂山祈福。"

周敬王爽然应之，按礼节接待了使者。苌弘却皱起了眉头，对刘康公（周顷王最小的儿子）说："这事儿不对呀！如果说真是要去求福，使者又在天子这里受到礼遇，他们的面上怎么会流露出勇武之色来呢？祈福可是一件温和美善的事情啊！臣担心他们别有企图，还请您加以戒防。"

听了这话，刘康公不敢稍有怠忽，忙令军兵们严阵以待。

果不其然，晋国表面上是来祭祀的，实际上却派杨子带兵远征聊，阮、梁人所居之地。

【释评】

对于苌弘这位贤士，人们一般关注的是他的才识、忠诚和冤屈。"苌弘化碧"的成语是说的他，"苌弘事，人道后来，其血三年化为碧"（辛弃疾《兰陵王》），这样的诗句也是咏叹的他。

这里所说的，却是苌弘的另一面。

《吕氏春秋》中在《精谕》一篇中举了苌弘通过容貌音色来窥知实情的例子，来说明人的思想可以通过外在的精神表现出来。

当然，照书中的观点，这种实名不符的现象是很具有迷惑性的，非一般人所能觉之。确实也是如此，周天子、刘康公对于晋使的连篇鬼话，丝毫没有疑心。所幸，刘康公听取了苌弘的意见，以军事戒备的姿态巩固王权。

末了，《吕氏春秋》总结道："故言不足以断小事，唯知言之谓者可为。"著者说，单凭言语本身不足以帮我们决断事务，我们唯有真正懂得其间的深意才能避免出错。

晋国无视天子权威，暗里有所图谋的事情，能为苌弘所预知，便是因为他能察言观色、洞烛幽微。

【人物】

苌弘（前582—前492），字叔，蜀地人，《史记》中将其载入《天官书》中。苌弘不只是个天文家，而且博学多闻，孔子曾向其请教礼乐知识，并大有所获，史称为"访弘问乐"。苌弘是周王室的纯臣，一直为巩固王朝的统治付出心血，可惜因王权不振，而为晋卿赵鞅所逼杀。《庄子》上载："被杀之后，血流不止，蜀人藏其血，三年之后化为碧。"

【原文】

故当功以受赏，当罪以受罚。

【译文】

所以有功就接受相应的奖赏，有罪就接受相应的惩罚。

【事典】

拓跋焘惩罚奚斤

北魏政权，发迹于马背之上，后虽入主中原，却仍然极为看重军功。

太武帝拓跋焘即位之后，将前朝老臣给予安置。其中，过去深得明元帝重视的奚斤，被晋爵为宜城王，依旧为司空。

始光三年（426）九月，拓跋焘一边命奚斤等人率军攻袭蒲坂，一边亲征胡夏都城统万。奚斤不负所望，迅速打入蒲坂，并收缴了胡夏人的许多辎重；而拓跋焘也杀了胡夏国主赫连昌一个措手不及，掠得了十余万头牛马和万余民户。

随后，赫连昌令弟弟赫连定与奚斤对峙于长安。拓跋焘则打定主意再攻统万，并于次年取得战果。稍有遗憾的是，赫连昌趁乱奔逃到了上邽。

当务之急，自然是擒住赫连昌。

神䴥元年（428），赫连昌退守平凉。奚斤与娥清、丘堆会师于安定。因为战马染疫、军中乏粮，奚斤采取了保守的固守策略，一心等待增援。监军侍御史安颉却采取了集中精兵、擒贼先擒王的办法，并借着沙尘天气俘获了赫连昌。

身为主帅的奚斤顿觉面上无光。

此时，赫连定被拥立为王，负责守卫平凉。为了挽回颜面，奚斤遣出一支部队，弃下辎重，追击起赫连定来。

其时，娥清提出了突袭于水道的意见，但奚斤不听其计，打算从北路去阻截赫连定。哪知，一个得知情报的小将投降于赫连定，将此种情况告诉了地方。

赫连定心下大喜。他知道对方只带了三日粮草，便施展了截杀之术。

在这一战中，奚斤、娥清等都被生擒了，而士卒被戮杀者竟有六七千人之多。

神䴥三年（430），拓跋焘攻克了安定、平凉、长安等地，并将奚斤等囚徒救了回来。

不过，奚斤可没什么好日子过。拓跋焘降其职为宰人——掌管膳食的小吏，并让他在冰天雪地里背着酒食从驾还京。

【释评】

拓跋焘善于用人，此事从他对待奚斤的态度上便可见出一斑。

奚斤在道武帝、明元帝时代，便已是战功彪炳的老将了。拓跋焘对他也十分尊重信任，但一个国家必须有严明的法度，决不可功过混一。因此，他在解救奚斤之后，便毫不留情地惩戒了他。

所谓"知耻而后勇"，骤然将被降为宰人的奚斤，也没有心生怨怼之绪，倒是好好反思了一段时间。

不久以后，他被任命为安东将军，并在讨伐北燕、平定北凉等战事中做出了应有的贡献。他也得到了丰厚的奖赏，并被赐以坐乘的小车，参与政事的决断，得到特殊的优待。

奚斤八十高龄而逝，拓跋焘还亲往悼念，追谥为昭王。

赏罚分明，乃是统御臣下的明智之举。

【人物】

北魏太武帝拓跋焘（408—452），字佛狸，鲜卑族，北魏王朝第三位皇帝。泰常八年（423），拓跋焘即位。他先后灭掉胡夏、北燕、北凉等国，又征伐柔然、高车等游牧民族，统一了中国北方；其势与南朝宋旗鼓相当，一开南北朝对峙之局面。拓跋焘重用崔浩、高允等人，于文治上也有所建树。《北史》评曰："南夷荷担，北蠕绝迹，廓定四表，混一华戎。"

【原文】

尺之木必有节目，寸之玉必有瑕瓃。

【译文】

长达一尺的树木必定长着节结，大小一寸的玉石必定会有瑕疵。

【事典】

张居正不拘一格用人才

隆庆六年（1572）五月，朱载垕驾崩，是为明穆宗。

此前，他将国政托付于张居正、高拱等阁臣。经过一段时间的明争暗斗，张居正与大太监冯保已将高拱踢出局去，成为内阁中唯一的顾命大臣，加上慈圣皇太后李氏的充分信任，张居正终于能够独掌权柄、施展拳脚。

打从隆庆六年的后半年开始，到万历十年（1582）过世之前，张居正的首辅地位都无人能够撼动。为了肃清吏治、任贤举能，张居正打算按照自己的一套办法来擢选人才。

一言以概之，便是"不拘一格用人才"。

其一，张居正推行了一种名为"考成法"的制度。这项制度从万历元年（1573）开始推行。为了提高行政效率，各个部门都须建起记事的文簿，定好一个合适的办理限期。第二年，他又定期更新一次官员档案，将之镶嵌于御屏之中，以供皇帝和他及时安排人事。

其二，张居正在选拔人才的时候，秉持的原则是"重用循吏，慎用清流"。清流重名，时常为道德所缚，很难放开胆去做事。可是，循吏却不同，在他们的观念里，事功才是第一等的大事。

因此，对于盛名在外的清官海瑞，张居正并未加以重用，反倒是对不按规矩出牌，个人德行略有瑕疵的戚继光予以青眼。至于边臣，张居正更是格外在意，他几乎参与了所有边臣的遴选调任，除了戚继光，李成梁等人也得到了他的赏识。

说到用人的具体办法，张居正认为，资历、名声根本不是问题，"人得其位，官得其人"才是重点。也就是说，他会根据人才的特点来给予适当的岗位。

因此，诸如赵蛟、杨某、黄清这些声名不显的吏员，都有了自己的任职；而像殷正茂、凌云翼这样的贪悍之官，也因自己的独特优势，而能有所安置。

最典型的例子，是张居正坚持任用潘季驯来治理黄河。此人坚持"筑堤束水，以水攻沙"的理念，并将之付诸实践。他的治水成果极为喜人的，这自然是造福于民的好事。

总的来说，张居正是一个极擅用人的首辅大臣。

【释评】

除了"通识时变，勇于任事"的评价外，《明史》中还说，"济才"张居正是因"威柄之操，几于震主"而招致身后之祸的。这个评价十分到位。

正如张居正对自己的评价一般。他的一生，是"宁有瑕而为玉，毋似玉而为石"。这就是说，他也认同别人所说的那些性刚烈、爱享乐的缺点，但这完全不妨碍他成为优秀的内阁首辅。

想来，张居正是把对自己的评价，用来欣赏他人了。为他所重之人，便有极大一部分，都是在名望、资历上"有瑕"的人，而他们却不失为一块块明丽的美玉。

人，未必要成为完人，但一定要成为一个有用之人。

在一个讲究科举入仕，过于看重德行的时代里，张居正的用人思想，何其宝贵！

【人物】

张居正（1525—1582），字叔大，本籍湖广，是万历年间的内阁首辅，明朝杰出的改革家、政治家。张居正以进士起家，于隆庆六年（1572）成为内阁首辅，总揽朝政十年之久。他用人得宜，致力于军事政治；又推行了"一条鞭法"等经济改革制度。张居正死后，为明神宗朱翊钧清算，在天启年间得以恢复名誉。《明史》评曰："通识时变，勇于任事。"

【原文】

亡国之主，必自骄，必自智，必轻物。

【译文】

亡国的君主，必然骄矜自满，必然自认为聪明，必然小看外物。

【事典】

隋炀帝骄逸亡国

开皇十二年（600），隋文帝杨坚废去太子杨勇，不久后以杨广为储副。

事实上，杨广并不如杨坚所想象的那样仁孝节俭，为了赢得父母的欢心，他一直在掩藏自己的真实性格。

即位为帝之后，杨广假传隋文帝遗诏，除掉了废太子杨勇，又软禁、镇压了自己的其他兄弟，巩固了政权。随后，杨广在前人基础上疏浚增修了大运河，营造了洛阳东都（未造外城），并非对后世全无一丝贡献，但他为何会导致国家二世而亡呢？

原来，之前被自己掩藏的性格，到了独掌生杀大权以后，全都显露了出来。

首先说，作为保育万民的君主，杨广却没有一颗仁心，他无视百姓的承受能力，把营建东都、增修运河、制造龙舟、修筑离宫等浩大的工程，放在同一个时段来做。这样一来，百姓的劳役强度骤然间加大，怎能没有怨言？

其次，杨广自负聪明，不能忍受别国对他的轻视。从大业七年（611）开始，截至大业十年，杨广曾三度发兵高句丽。连征高句丽，势必造成人力、物力、财力上的巨大投入，无疑是穷兵黩武之举。

而就在他二征高句丽，又败兵于辽东城之后，后方的官员杨玄感深觉"百姓苦役，天下思乱"，趁势起兵造反。后来，杨玄感虽然败亡了，但各方起义风起云涌，其势已非杨广所能压制。

为了杀鸡儆猴，杨广滥杀了许多无辜百姓，史载其三分之二的人是受冤而死的。眼见君王施行暴政，民间的反声自然更为激烈。

与此同时，杨广并没吸收战败的教训，为了自己那可笑的自尊心，再度攻打高句丽。最终，因起义之火已然燎原，危及王朝统治，杨广才选择了议和收兵。

下一年，杨广北巡长城，在雁门一带遭到始毕可汗的围攻，好在有义成公主的帮助和朝廷援军的增援，才能全身而退。不过，即便他一时保得了性命，最终也没能逃脱历史的制裁。

大业十四年（618）三月，杨广被弑杀于江都。在傀儡皇帝杨侑、杨侗被逼禅位之后，隋朝彻底亡国，不复存焉。

【释评】

史家分析说，在大业五年（609）时，隋朝的人口数达到了巅峰，多达八百余万户。然而，到了隋亡之时，这个数据却少了四分之三。那么，这些减少的民户到哪去了呢？

除了隋末动乱的原因，另一个主要的原因便是，在杨广统治的中后期里，被征发服役的百姓，不下一千万人次。史书中说"天下死于役"，实非妄言。可见，杨广没有一颗爱民恤物的心。用《吕氏春秋》的话来说，便是"轻物"。

此外，杨广从来都自诩为聪明人，不愿得知义军发展如火如荼的实情，故而他身边的佞小们也不愿触他的霉头，只能对其谎报军情，这也影响了杨广对于天下形势的判断。

其实，对于一个君王来说，不管他拥有怎样高明的智慧，都不应该自以为是，非得在不宜耗费或是不该较劲的事情上，投入太多的精力。

换句话说，骄奢无度、滥用民力之君，必致乱政亡国之象。

【人物】

隋炀帝杨广（569—618），弘农人，隋文帝杨坚第二子。开皇二十年（600）时，杨广夺嫡成功，并于四年后即位称帝。杨广骄矜自得、滥用民力，因兴修运河、营建洛阳、三征高句

丽等故，导致民怨沸腾的乱象，终为宇文述等人所弑，身死国
灭。祖君彦在《为李密檄洛州文》中写道："罄南山之竹，书
罪无穷；决东海之波，流恶难尽。"

第六卷·六论：百家学说各纷呈

【题解】

《吕氏春秋》里的《六论》，分别为《开春论》《慎行论》《贵直论》《不苟论》《似顺论》《士容论》，共存三十六篇。《汉书·艺文志》之所以将《吕氏春秋》列入杂家，这是因为它是以道家思想为主干，杂糅了包括儒、道、墨、法、兵、农、纵横、阴阳家等各家思想在内的各家学说。依著者所言，书中对于各家思想的取舍都抱着客观公正的态度。在《孟夏纪第四·用众》中，著者曾说，"天下无粹白之狐，而有粹白之裘，取之众白也"。的确，《吕氏春秋》虽以道家思想为核心，但却对其进行了改造加工，有所扬弃。富于朴素的唯物主义、辩证法，是《吕氏春秋》获得较高历史地位的一个重要原因。

任力者故劳，任人者故逸。

（《吕氏春秋·开春论第一·察贤》）

今夫爝蝉者，务在乎明其火、振其树而已。

（《吕氏春秋·开春论第一·察贤》）

仁也者，仁乎其类者也。

（《吕氏春秋·开春论第一·爱类》）

君子计行虑义，小人计行其利，乃不利。

（《吕氏春秋·慎行论第二·慎行》）

贤者善人以人，中人以事，不肖者以财。

（《吕氏春秋·不苟论第四·赞能》）

欲知平直，则必准绳；欲知方圆，则必规矩；人主欲自知，则必直士。

（《吕氏春秋·不苟论第四·自知》）

全则必缺，极则必反，盈则必亏。

（《吕氏春秋·不苟论第四·博志》）

夫事无大小，固相与通。

（《吕氏春秋·不苟论第四·贵当》）

见乐则淫侈，见忧则诤治，此人之道也。

（《吕氏春秋·似顺论第五·似顺》）

精准提要

- 凭借好风之力，送我直上青云。

- 期贤、敬贤、爱贤，此乃国君之要务。

- 同类之间，不可两相攻伐，不应两败俱伤。

- 所获非利的人，终究逃不开道德的制裁。

- 与贤者进行灵魂的对话，丰盈的是自己的人生。

- 向你"泼冷水"的诤友，才是真正的朋友。

- 完美和圆满，有时可能会走向另一个反面。

- 事无大小之分，理无轻重之别。

- 无论处于何种境地，切勿乐而忘忧。

【原文】

任力者故劳，任人者故逸。

【译文】

使用力气的人自然劳累，使用人才的人自然安逸。

【事典】

宓子贱鸣琴而治

宓子贱比孔子小三十岁左右，是孔门七十二贤之一，曾经出任单父宰。

起初，宓子贱刚一到任，当地的官吏们便都恭敬地前往拜见。

宓子贱暗中叫两个副官将来者的名字记录下来，却又在他们书写之时从旁干扰，致使其字迹潦草不堪。就在宾客盈门之时，宓子贱却突然举起那本名册，批评副官们不尽心办事。

在这种情形下，谁会不认为他是在故意滋事呢？宾客们且对宓子贱有意见，更不用说那两个受了委屈的副官了。事后，他们便向宓子贱请辞，而这种做法换来的也只是一顿新的斥骂。

两个副官忍无可忍，便跑到鲁君的跟前，汇报了宓子贱的劣迹。他们本以为鲁君会对其予以撤职处分，却没想他却领悟了宓子贱的真意，说这是故意做给他看的。

原来，宓子贱在朝中为官时，便不时向他进言。可惜，因为近臣们施加的影响，其政治主张受到了百般阻挠。所以说，宓子贱干扰副官写字，实际上是为了譬喻近臣们的掣肘。此意，自是在提醒鲁君要警惕近臣乱政的迹象，切不可因轻信人言而误了国家大事。

鲁君说完这话，便派了亲信去给宓子贱传话，说将单父交由他全权处理，他尽可自主决断，每隔五年汇报一次情况，而不用有所顾忌。

对于鲁君的做法，宓子贱十分称许，但他之后治理单父的做法，却让很多人百思不得其解。这不是说宓子贱治理得不好，事实上，单父民风淳朴、丰衣足食，他的治绩是十分突出的。

这个问题的关键就在于，宓子贱很少走出公堂，也很少见他夙兴夜寐地办公，更不用提什么事必躬亲了。平日里，他喜欢鸣琴自乐，生活过得优哉游哉。

后来，巫马期接任了宓子贱之职。因为珠玉在前，巫马期担心自己不能治理好单父，便将所有的精力都投入到工作中去。披星戴月对于他来说，都是常事。他的辛勤付出，也得到了应有的回报，可是时日一长，巫马期实在是有些吃不消。

找了个机会，巫马期去了宓子贱府上，向他询问鸣琴而治的奥秘。宓子贱也不藏私，大方地告诉他："我的办法并不复杂。我在治理单父的时候，是凭借的众人之力；而你的办法，纯然是依靠一己之力。是这样的，使用力气的人自然劳累，使用人才的人自然安逸。"

巫马期听了这话，恍然大悟。

【释评】

常言道，"一个篱笆三个桩，一个好汉三个帮"，在生活中，我们绝不能忽视一个集体之中的其他合作者的力量。不管你们的关系，是平级，抑或是上下级。

事实上，单枪匹马闯天下的勇毅，只能存在于故事之中。

这不是说，"单干户"就一定不能获得成功，而是说，我们如果能萃取集体的智慧，能施展集体的力量，完全没有必要搞什么"个人英雄主义"。这样的英雄主义，即便让你获得了事业的成功，他人的赞誉，也很难为你带来更多的益处。

那么，这种更多的益处是什么呢？

《吕氏春秋》中说，同样是政绩突出，但前者是不劳肢体、心气平和，后者却是伤损生命、消耗精气，又何苦来哉？在很多时候，付出得多的，往往未臻于完美的境界。

反过来说，一个借人之力，而成为至者的人，既能为他人提供展示才干、锻炼才力的机会；又能凭借好风之力，"送我上青云"，岂非两全其美？

【人物】

宓子贱（前521—前445），名不齐，春秋末年鲁国人，孔门七十二贤之一。宓子贱德声远播，曾在单父宰任上，无为而治，政绩斐然。孔子为之而自豪，称其为"君子哉若人"，又说："惜哉！不齐所治者小，所治者大则庶几矣。"在唐宋年间，宓子贱先后被追封为"单伯""单父侯"，至于明朝嘉靖年间，则被改尊为"先贤宓子"。

【原文】

今夫燫蝉者，务在乎明其火、振其树而已。

【译文】

现在用火照蝉的人，要做的事只在于把火光弄亮、把树枝晃动罢了。

【事典】

魏文侯敬贤却敌

晋烈公十三年（前403），周威烈王批准韩、赵、魏三家为诸侯，令其与晋侯同列。魏国的第一任君主，便是魏斯，史称魏文侯。

魏文侯执政的一大特点，是礼贤下士。魏文侯以乐羊、吴起为将，以李悝、翟璜为相，又礼重卜子夏、田子方、段干木等儒家名流，传出一段段佳话。

早期，魏文侯从段干木所住的巷子口经过，便立马扶住车轼，久久地目视。他的车夫对此大惑不解，遂问："君侯，您为何要扶轼致敬呢？"

魏文侯回道："这不是段干木所住的里巷吗？他可是个贤者呀，孤怎么敢不表达敬意呢？而且，我听说，这位贤者把操守看得贵逾珠宝，我想，即便我拿我的君位与之交换，他也断断不会同意。所以，孤怎么敢对他傲慢无礼呢？段干木啊，他是在德行上闪耀夺目，而孤只是在君位上显耀人前罢了。一个是富于道义，一个是富于财富，你说孤该不该对他扶轼致敬呢？"

车夫明白过来，便提议道："既然如此，那么君侯为何不让他担任我们魏国的国相呢？”

魏文侯正有此意，只因担心自己请不动段干木，才没有开口。既然车夫也这么说，他便向段干木伸出了橄榄枝。没承想，段干木没有接受这个职任。对此，魏文侯也不怨恼，不仅赐给他不菲的俸禄，还经常登门拜望他。

眼见魏文侯这般爱才好士，魏国人都很是高兴，纷纷吟咏道：“吾君好正，段干木之敬；吾君好忠，段干木之隆。”这是说，魏文侯喜欢廉正之士，十分敬重、推崇段干木。这种歌谣像插上翅膀一般，很快便飞出了国境。

不久以后，秦国打算对魏国用兵。在这个关键时候，司马唐却及时劝阻了秦君。他的理由很简单，段干木是公认的贤者，魏文侯对他礼待有加，自己的名声也十分显赫。对这样的人动兵，恐怕会惹人非议。

秦君听了这席话，默默点了点头。一场战争，就此消弭于无形。

【释评】

《吕氏春秋》在“今夫爚蝉者，务在乎明其火、振其树而已”这一句的后面，又说，“当今之时，世暗甚矣，人主有能明其德者，天下之士，其归之也，若蝉之走明火也”。

很显然，这个有关照蝉的句子，是一个比喻。

其意不难知晓。在人世间，择木而栖的蝉，就好比是天下之士；而明亮的火光、摇振的树枝，就好比是有德之君所发出的召唤。

蝉，始终是奔着明火、冲着茂枝来的；天下之士，也始终是向着德君、朝着治政来的。

所以，一国之君的要务之一，便是期贤、敬贤、爱贤。

魏文侯在用兵之上，讲究一个"不战而屈人之兵"的方法。从秦君的反应上来看，一个期贤、敬贤、爱贤的魏君，足以让他掂量出对方的斤两，从而产生退却的心理。

孟子说，"爱人者，人恒爱之；敬人者，人恒敬之"，正合此理。

【人物】

魏文侯魏斯（前472—前396），魏国开国君主。公元前403年，原晋大夫魏斯等被封为诸侯，是《资治通鉴》中所认为的春秋战国的分水岭。作为魏国霸业的开创者，魏文侯在其执政生涯里，变法集权、开疆辟壤、灭亡中山，又任用李悝、翟璜、西门豹、乐羊、吴起等士人，成为历史上备受称誉的贤君。"皮之不存，毛将焉附"这个成语，出自于他。

【原文】

仁也者，仁乎其类者也。

【译文】

"仁"，就是对同类有仁爱之心。

【事典】

墨子止楚攻宋

公输般给楚国造了云梯，楚王很是得意，攻打宋国的想法更为强烈了。

云梯是一种攻城器械，有的还配有滑轮、防盾、绞车、抓钩等辅助器具。

得知此事后，墨子便赶紧从鲁国出发，希望能劝退公输般，不要用这样的工具来帮助楚人欺凌宋国。

约莫走了十个日夜，墨子才来到了郢都，见到了公输般。当公输般问起墨子有何见教之时，墨子没有直言其事，而是打了个比方。他说，他希望出重金，请公输般帮他杀掉那个欺侮他的北方人。

公输般哪想被人当作"杀手"呢？听罢这话，他很不高兴，说自己是一个坚守道义的人，从来不杀人。

一见公输般说出这样"大义凛然"的话，墨子才恳然道："方才只是和先生做个譬喻罢了。事情是这样的，我在北方听到了一个传闻。传闻里说，您为楚国造出了云梯，要用此物来攻伐宋国。依我看来，宋国没有过错，您为何要这么做呢？再说，如今楚国是地多而人少。要知道，凡是打仗就没有不死人的。您帮助楚王去打宋国，是既不理智，又不友善的行为。您刚刚不是说您崇仁好义吗？可是你的'义'，是不肯杀死一两个人，而是杀死很数人吗？"

公输般点点头，似乎被他说服了，但墨子却知他是口服心不服，因为公输般以"已向楚王报奏"为由来搪塞他。

墨子便问道："您为何不向楚王引见我呢？"言下之意，自然是要亲自劝谏楚王。

在楚王跟前，墨子依然用了譬喻之法，诱使楚王承认他自己患了偷窃病——自家有好物却惦记别人家的东西。

然而，楚王也像公输般那样，把皮球踢了回去。他说："公输般已经给孤造好了云梯，自然不能浪费。宋国，孤是非打不可的。"

为了达到止战的目的，墨子只能拿实力来说话。随即，他和公输般进行了一场模拟战，并赢得了"战争"的胜利。这就是说，云梯虽然厉害，但墨子的防御工事却更是不容小觑。

公输般理屈词穷，顿生杀心，但墨子却看穿了他的心思，明明白白地告诉他们，自己早将这套防御工事传授了出去。现下，他的弟子禽滑厘等三百多人，已经在宋人的城墙上，整装待敌了。

"即便是杀了我，也不能杀光宋国的抵抗者。"当楚王听到墨子的话语时，他已然灰心丧气，最终放弃了攻宋的打算。

【释评】

众所周知，春秋战国时期，思想领域里出现了百家争鸣的盛况。

不过，纵是在这样的"乱花渐欲迷人眼"的情形下，仍有"非儒即墨"之称。这是说，墨家的影响力，在当时不下于儒家。

儒、墨两家存在一些分歧，前者还时常将后者视之为歪理邪说，但我们如果仔细对比分析，便能发现两家学说都有着"爱人"即"爱同类"的思想。只不过，前者强调社会的等级秩序；而在后者的思想里，则包含着平等与博爱的圣光。

诚如《吕氏春秋》所言，一个人如果对其他的物类极为仁爱，但不善待自己的同类，这绝对不是真正的仁义。墨子止楚攻宋，为的就是同类之间，不两相攻伐，不两败俱伤。

实际上，社会上之所以会出现以强执弱、以富侮贫、以贵傲贱的现象，还不都是因为他们不爱同类，不存仁爱之心。墨子反对战争，渴冀和平，"爱人若爱其身"，便是他给这个社会开出的一剂良方。

【人物】

墨子，名翟，一般认为是春秋战国之交的宋国人，生卒年不详。墨子曾担任宋国大夫，开创了墨家学派。墨家与儒家被并称"显学"，其学说以"兼爱""非攻"的思想为核心，被整理为《墨子》一书。墨子还是古代杰出的军事家、科学家，他在杠杆原理、小孔成像等领域都有非凡的造诣，被后世誉为"科圣"。班固曰："日夜不休，以自苦为极。"

【原文】

君子计行虑义，小人计行其利，乃不利。

【译文】

君子计划行动时考虑道义，小人计划行动时企求利益，结果却反倒不利。

【事典】

费无忌乱楚自灭

楚平王即位之后，以伍奢为太子太师，费无忌为太子少师。

对于伍奢，太子建十分尊重信任，但与此同时，却对费无忌流露出嫌恶情绪。费无忌担心日后太子登位会对自己不利，便暗中计划除掉太子。

楚平王二年（前527），太子建将至适婚之龄，费无忌便对楚平王提及为太子纳妃之事。楚平王几经思考，选定了秦哀公的长妹孟嬴。费无忌奉命前往秦国迎亲，一见孟嬴貌若天仙，便生出了一个一石二鸟的"妙计"——劝楚平王自娶孟嬴。

通过这个办法，他既可以成为楚平王最信任的宠臣，又能离间楚平王父子的感情。

应该说，让一个齐女冒充孟嬴嫁为太子妃，是对太子的欺骗与侮辱，楚平王但有一丝头脑也不会答应。无奈，楚平王却是一个色令智昏的庸主，他完全不考虑儿子的感受。一年以后，孟嬴生下了一个儿子，这便是后来的楚昭王熊轸。

纸是包不住火的，何况费无忌本来就有心让太子知道。楚平王六年（前523），费无忌对楚平王说："晋国称霸于诸侯，是因为与华夏各国毗近，而我们楚国之所以不能与晋国相争，主要是因为地域偏远。臣以为，我们可以大建城父，让太子驻守在那里。这样一来，北方诸国的尊奉，就会源源不断地过来了。至于大王您，只要能拿下南方各国，便可称霸于天下了。"

楚平王闻言大悦，便让太子建管理方城之外，自己则掌管方城以内。

第二年，费无忌又在楚平王跟前进谗，说太子建和伍奢将凭联合齐、晋发动叛乱。楚平王愕然道："他已是孤的太子了，还想怎样？"费无忌便回道："因为夺妻之恨。"这一句很是厉害，楚平王不疑有他，立刻逮捕伍奢问罪。

伍奢忙劝道："大王切不可因佞小的一派胡言，而置亲情于不顾啊！"然而，楚平王只相信费无忌的一面之词，一面将伍奢投入牢狱，一面派城父司马奋扬去追杀太子建。奋扬使出了拖字诀，这才为太子建的逃往争取了时间。

楚平王得知太子建逃到了宋国去，勃然大怒下，便打算杀掉了伍奢和他的儿子们。好在，伍奢的次子躲过了劫难，奔到了吴国去。这个人，便是后来一心复仇的伍子胥。

除掉了太子建，费无忌很是得意，但后来他又看不惯深受国人爱戴的左尹郤宛，便又施展诡计，挑唆令尹子常杀了他。

费无忌所做的恶事，逐渐传了出去。一时间，楚国上下没有人不痛恨他。某一日，沈尹戍劝子常除掉这个巨奸。子常深以为然，很快便杀死了费无忌，并将其宗族尽数诛灭，以此来平息众怒。

【释评】

在日常生活中，人们时常说，"不是不报，时候未到"，此语搁在费无忌的身上极是贴切。

一般来说，不同性情的人在相处之时，难免会产生一些摩擦，甚至说，我们对谁存着忌心、怨心，也是常有的事。

可是，君子和小人的区别便在于，前者懂得克制，懂得在采取任何行动之前，先用道德的秤杆衡量一番；而后者，却只顾着自己眼前的利益，欲将所有令自己不快的人除之而后快。

只不过，这种利益是暂时的，它不能成为为恶者的保命符。所谓"多行不义必自毙"，所获非利的人，终究逃不开道德的制裁，一切不过时间早晚而已。

【人物】

费无忌，也称费无极，春秋时期楚国的巨奸，官至太子少师。因为嫉恨太子建和左尹郤宛，先后设计除掉了他们，并间接害死了伍奢一家，只有伍子胥得以奔吴复仇。费无忌劣迹斑斑，令尹子常顺应民心，诛灭了费无忌全族，但此人给楚国大乱所埋下的伏笔，已然无法消除。《吕氏春秋》评曰："动而不论其义，知害人而不知人害己也，以灭其族。"

【原文】

贤者善人以人，中人以事，不肖者以财。

【译文】

贤明的人与人亲善是依据这个人的仁德，普通的人与人亲善是根据这个人的功业，不肖的人与人亲善是根据这个人的财富。

【事典】

杨敬之逢人说项斯

提到唐代诗人，其佼佼者当首推李、杜、白。不过，在那个灿若繁星的诗人时代，有很多名气在今天不够响亮的诗人，同样拥有旺盛的创造力。

晚唐时期，有个叫作项斯的诗人。他既是台州第一位进士，也是当地第一位蜚声全国的诗人。其诗为《全唐诗》所录的，便有八十八首之多，因此他被列作唐朝百家之一。

那么，这位在台州历史上"前无古人"的诗人，是如何声名骤起的呢？这要从他的伯乐杨敬之说起。

项斯大致生活于晚唐宝历至会昌年间。年轻时，项斯先过上了一段时间的隐居生活，而后又参加了科举考试。不过，他却因为准备不充分，且无足够的名气，而名落孙山。于是，在项斯的一些诗作里，无可避免地流露出失望愁闷的心情。

会昌三年（843）时，项斯的转机来了。他听闻国子祭酒杨敬之既欣赏才德兼备的士人，又喜欢提携后辈，便携着诗文去拜谒他。

这一幕，有些像是白居易带诗去求见顾况一般。不过，因为杨敬之性情豁达，项斯在一开始便得到了对方的优待。

当是时，杨敬之展诗慢赏，不时发出赞叹之声，其后忍不住提笔赠诗，道："几度见诗诗总好，及观标格过于诗。平生不解藏人善，到处逢人说项斯。"

杨敬之毫不掩饰自己对项斯才德的赏叹之心，而事实证明，他在诗中所说的"逢人说项斯"，不是一种虚文套话，而是他真实的想法。赠诗之后，杨敬之时常在各种场合提及项斯的诗文，并为之四处推荐。

因为这个原因，项斯的名字很快为人所知，再不是一个籍籍无名的小子了。而且，因为项斯的人品才学确实很过硬，并非沽名钓誉之辈。不过一年的时间，项斯已经能"诗达长安"，占据诗坛的一席之地。

故此，项斯很快登进士第，被授予润州丹徒尉，就此走上仕途。

从此以往，杨敬之"到处逢人说项斯"的故事广为传布，成了文坛上的一段风流佳话。"逢人说项"也被凝缩为了一个成语，意在为人说好话。

【释评】

在春秋时期，沈尹茎力荐孙叔敖为楚国令尹，这不是因为他俩是好朋友，而是因为孙叔敖在郢都出游多年，但名声却不显赫，美德就像匣中的珠宝一样，不为人所知。

故此，沈尹茎不惜奔走五年之久，为之制造声势。

这种情形，和杨敬之逢人便说项斯的做法，极为相近。一个是对好友极力相助，一个是对晚生真心扶携。这些贤人们所持的态度，无非是对方有非同一般的仁德与才干。

一个真正的贤者，在与人交往时，绝不会因对方的地位和财富而有所动。他们只会选择另外的贤者，来进行灵魂的对话，丰满自己的人生。

项斯曾有一首赠别之诗，诗曰："鱼在深泉鸟在云，从来只得影相亲。他时纵有逢君处，应作人间白发身。"据说，这首诗是赠给杨敬之的。想来，依依惜别之时，项斯仍然感激着杨敬之对他的提携之意。鱼、鸟虽不能长相守，但因为亲近友善的真情，而心心相印。

【人物】

杨敬之，字茂孝，祖籍弘农，文学家杨凌之子，生卒年不详。宪宗元和二年（807），杨敬之登进士第，在唐文宗时期担任国子祭酒，后又兼任太常少卿。当日，其二子亦登科。就此，"杨家三喜"的说法成为美谈。杨敬之好与文士相交，与韩愈、刘禹锡、柳宗元的交情都很好，他又喜欢提携后辈，对于项斯等人的诗作极为推崇赏爱。其代表作为《华山赋》。

【原文】

欲知平直，则必准绳；欲知方圆，则必规矩；人主欲自知，则必直士。

【译文】

要知道平直，就必须凭借水准墨线；要知道方圆，就必须凭借圆规矩尺；人君要想得知自己的过失，必须要凭借正直之士。

【事典】

翟黄顺主心以显贤

韩魏赵三家分晋后，赵国所得之利明显多于韩、魏。

当时，魏国被困于晋国西南一隅，四围皆是大国，而东面的寸土也很难被它完全掌握。在这种情形下，魏文侯如果不发愤图强，打破封锁、对外扩土，迟早会被别国吞并掉。思虑再三，魏文侯决定去朝位处赵、魏之间的中山国下手。

公元前410年，魏文侯派遣乐羊、吴起征伐中山国。三年后，中山国终于被攻陷了。由于魏文侯的长子击已经成年了，魏文侯就把这块地封给了他，命其以中山君的身份，坐镇中山。

不久之后，魏文侯举行宴饮，欲与魏国的大夫们增进感情，顺便听听他们对自己的评价。

面对魏文侯提出的"我是怎样的君主"的问题，群臣们几乎异口同声都说他十分仁爱，是个完人。自然了，世界上没有完美的君主，他们的赞语难免有拍马之嫌。

然而，轮到谋士任座发言之时，场上的气氛顿时变了。

但见任座叹了口气，幽幽道："依臣看来，君侯还算不得贤明。因为你攻取了中山国，却不把它封给你的弟弟。"此言一出，场上落针可闻，大臣们都面面相觑，不敢则声。

魏文侯听了这话，面子上下不来，不由怒形于色，大有当场处罚任座的架势。任座眼见不妙，赶紧快步走出。魏文侯好容易平复了情绪，又让臣子们依次发言。

逾时，便轮到了翟黄发言。

翟璜恭敬地说："君侯，您是贤明的君主。"

魏文侯一脸苦笑道："刚刚，任座才批评了寡人。"

"君侯此言差矣，"翟黄道，"臣听说过，只有君主是贤明，他的臣子说话才敢于直率。先前，任座的话说得十分直率，由此可见，君侯您是贤明的。"

一席话，把魏文侯说得很是舒坦，想起自己先前对任座动了怒，他又有些不好意思，便问："孤还能让任座回来吗？"

翟黄便说："怎么不能呢？臣还听说，但凡国之忠臣，都会对自己的主君竭尽忠诚，他们即便是因言获罪，也不敢有所躲避。臣猜想，任座肯定还在门口守着，等待您的召唤。"

说着，他便跑出大门去看。一见任座果然守在门口，翟黄忙唤他进去。

等到任座进了殿，魏文侯便亲自走下台阶来迎接他，又将他拜为上卿，礼待终生。

【释评】

人性有很多的弱点，其中有一条最主要的，便是爱听好话。

好话为何会大行其道、大受欢迎呢？这是因为，好话温柔甜蜜，它能让人心花盛开，生出快乐的心绪，所以，无论愚者、贤者都很难拒绝于它。毕竟，愚者需要被人粉饰，而贤者也需要被人肯定。

只是，比之于愚者，贤者却还有一个优点，他们虽然很难绝好话的魔力，但还不至于被迷得昏头涨脑，丧失基本的判断力。

此时，只要有那正直之士的劝语，便能迅速地冷静下来，审判自己的得失。这就好比，水准墨线能让我们画出直线；圆规矩尺能帮我们画出方圆一般。

对于翟黄巧建魏文侯一事，《吕氏春秋》评曰："文侯微翟黄，则几失忠臣矣。上顺乎主心以显贤者，其唯翟黄乎？"不得不说，魏文侯拥有任座、翟黄这样的臣子，真是他的幸运。

其实，并非只是君王才需要正直之臣，我们普通人也需要有一两个敢于向我们"泼冷水"的诤友。所谓"士有诤友，则身不离于令名"，但愿我们每一个人都能拥有这份幸运。

【人物】

翟黄，即翟璜，魏文侯时的国相，爵至上卿，生卒年不详。翟黄为人正直，目光如炬，为魏文侯推荐了大量才士。吴起、西门豹、北门、乐羊、李悝等在魏国历史上做出大贡献的人，皆出自他的举荐。翟黄娴于辞令、能说会道，又处世平允，因而得以寿终正寝。《吕氏春秋》《新序》《资治通鉴》等史书中，都曾记录他巧谏魏文侯的故事。

【原文】

全则必缺，极则必反，盈则必亏。

【译文】

太完美了就会趋向缺损，太极端了就会走向反面，太圆满了就会转向亏失。

【事典】

唐玄宗自满败国

"忆昔开元全盛日，小邑犹藏万家室。稻米流脂粟米白，公私仓廪俱丰实。"在《忆昔》一诗中，杜甫曾深情回忆了开元盛世时期经济的繁荣景象。

那么，这样的一个数百年来未有之盛世，如何会在后来遽然转衰呢？这要从唐玄宗李隆基统治初期说起。

先天二年（713），李隆基发动政变，诛除了太平公主的党羽，又拒绝了太上皇李旦的请求，赐死了太平公主。政变成功，标志着李隆基真正掌握了实权，这距离他登上龙座也只一年时间。

为了表达自己励精图治的决心，李隆基将年号改为开元，开始对内务进行整肃。针对频繁的兵变导致的吏治混乱等现状，李隆基适时选拔了姚崇、宋璟、张说、张九龄等贤相。他用人的眼光十分精准，性格有缺陷的姚崇之所以得到重用，便是因为他有多谋善断的本领，能帮助皇帝迅速地拨乱反正，将国家重新推上正轨。

在这个目标达成之后，李隆基便让宋璟取而代之。因为这个时候，国家需要一个刚正不阿的国相。果然，宋璟批判继承了姚崇时期的制度，力求依法治国。

宋璟之后，张嘉贞、张说又先后上位。在文武全才张说的改革和领导下，开元时期的极盛之世终于到来。李隆基也在开元十三年（725），前往泰山举行封禅典礼。

此时的他，是第一流的贤主明君，其呼声之高甚至一度超过了唐太宗李世民。

可惜的是，李隆基在这片山呼万岁的赞声中渐渐膨胀起来。他开始耽溺于声色的享受，喜欢听奉承拍马的假话。当张九龄这位贤相被罢职之后，他身边的诌媚趋奉之辈也越来越多。以奸相李林甫为代表的佞小们，不停地向他灌去好喝的迷魂汤，让他以为自己真是震古烁今的"千古一帝"。

唐玄宗

后来，因为宠爱杨贵妃的缘故，李隆基又对其族兄杨国忠也深加信眷，让他坐上宰相之位。自从杨国忠专权之后，唐朝的秩序淆乱不堪，其政治经济的发展明显走了下坡路。经济、阶级、民族的矛盾，也逐渐尖锐起来，地方藩镇势力也空前强大起来。

终于，在天宝十四年（755），安禄山与史思明叛唐起兵，发动了长达八年之久的战争。这场战争导致了李隆基个人的不幸——他先是狼狈出逃，继而又永失我爱，最后以太上皇的尴尬身份凄然离世。

然而，更重要的是，它使得唐朝国力大幅减弱，百姓深受巨大的创伤。从此以后，唐王朝一蹶不振，再也无法重现昔日的辉煌。

【释评】

其实，"公私仓廪俱丰实"只是说的官府和地主的仓库，这与饱受饥饿之苦的贫民是无关的。这说明，诸如贫富差距等社会矛盾，一直在悄然地酝酿着。

然而，盲目自大的李隆基，不仅没有意识到国内的矛盾，而且也没能正确估量外部的情况。因此，他对外发动了许多本可不必的战争，打破了好不容易得来的安定局面。像与吐蕃、南诏等政权的友好关系，都被一一地破坏掉了。

因战而死的唐兵数目巨大，故此，他们无法再在安史之乱中效力。

在开元盛世之时，从大的环境来说，国力确实达到了鼎盛，但因此而忘记"盈则必亏"的教训，荒于国事、疏于国防，自然难免败国祸民的恶果了。

【人物】

唐玄宗李隆基（685—762），唐朝第八位皇帝。唐隆元年（710），李隆基发动政变，消灭了韦后集团。两年后，李隆基受禅登位。一开始，他拨乱反正、躬勤政事，以姚崇、宋璟为相，开创了开元盛世。在其统治后期，却因荒政误国而导致了安史之乱，唐王朝中衰的局面。太子李亨即位后，尊之为太上皇。司马光评曰："恃其承平，不思后患。"

【原文】

夫事无大小，固相与通。

【译文】

无论事大事小，道理本来都是相通的。

【事典】

相士点拨楚庄王

楚国有一个很名气很大的相士。

人们常说，他给人看相格外精准，其判断从未有过失误。名声闻于全国。

时日一久，连居于宫中的楚庄王，也听说了他的名号。楚庄王对这个人很是好奇，便召他进宫来，向他询问看相之道。

此时的楚庄王，已非昔日那个贪恋酒色、寻欢作乐的君王了。在对政局有所把握之后，楚庄王便做好了精勤治国的打算，所以，他不

楚庄王

会放过任何一个学习的机会。

这个相士也知道，楚庄王请他面谈不会是只为了问他看相的事，于是，当对方问及看相之道时，他便回道："其实，小人并不懂看相。"

"哦？这话从何说起？先生不必过谦了。"

"小人不敢欺瞒大王。说我会看相，其实是因为我能预测到一些事情。而我能预测到这些事情，是因为我会观察人们的朋友。"

"都有哪些人呢？"

"有平民，有臣子，也有君主。"相士道，"在观察平民的时候，小民会着重看他的朋友们。如果那些人都是孝顺忠厚、恭谨纯善的人，想必他也不会太差，他的家中即便现在贫寒，日后也会渐渐富足起来，他本人也会慢慢显荣起来。"

"臣子又当如何？"楚庄王听得很有兴致。

"对于侍奉君主的臣子，小民也会去观察他的朋友。如果他的朋友都喜欢行善积德、忠诚可靠，那么这个臣子也会是这样的人，他在君主跟前就会日益显达，备受重视。"

"好，有道理。先生不妨再说说，您对君主是怎么观察的。"

"在朝廷之中，如果遍是贤良之臣，他们便会对君主争相进谏。这样的君主，行事便会稳健中和，国家也会安定繁荣，四海之内无不敬服。"

但见楚庄王若有所思，相士又道："小民通过朋友来观测人情命运，不过一桩小事。"

楚庄王却认为他说得很对，小事之中蕴含着的道理与治国之道也不无相通之处。这之后，楚庄王开始广罗贤士，后来他终于凭借这些贤士，跻身春秋五霸之列。

【释评】

很多时候，一些贤明的君主，很喜欢召见一些身怀特长的人。

不过，他们并不是抱着学习那门技艺的目的，而是想要探知他们长于此道的原因。那个打算一鸣惊人的楚庄王，便想要学习他的相人之道。

相人之道和治国之道，虽然小大有别，但其实又有一脉相通之处。

老子曾云："治大国若烹小鲜。"意思便是说，治理大国与烹调美味小菜（一说，小鱼）的道理是一样的。因为，要想把菜做好，便一定要注意火候，切不可随意翻搅。

所以，这小小的烹调之道，不正暗合了无为而治的治国之道吗？

用心观察生活，我们便会发现，很多大小不一的事情里面，都包蕴着同样的道理。

【人物】

楚庄王熊旅（？—前591），芈姓，春秋五霸之一。楚穆王十二年（前613），弱冠之龄的楚庄王即位。起初，他佯作不问政事，暗中观测各方政局。三年后，打算"一鸣惊人"的楚庄王，重用了伍举、苏从、孙叔敖等大臣，对内发展经济，对外则打败庸国、晋国、萧国，臣服郑国、宋国。在楚晋之战中，楚庄王终获大胜，成就霸业。孔子评曰："贤哉楚王！轻千乘之国，而重一言之信。"

【原文】

见乐则淫侈，见忧则诤治，此人之道也。

【译文】

遇见享乐的事就会任情放纵，遇见忧患的事就会发愤图强，这是人之常理。

【事典】

晋武帝乐而忘忧

三国归晋，是我国古代历史上非常重要的一个事件。

它标志着继汉末以来的分裂之势终结于一国之手。不管其人所用方法是否磊落光明，他都在客观上具备了"平一天下"的大德，足以名垂青史。这个人，便是晋武帝司马炎。

刚一开始，司马炎考虑到曹魏政权的残余势力和东吴这个劲敌，在治国方面根本不敢轻忽大意。

首先，他吸收了曹魏政权的政治制度，以求平稳过渡，但又对其加以改革，初立了三省制度，至于前朝的显贵，大多委以重任。

然后，司马炎吸取了曹魏政权宗枝薄弱的教训，一上来就大封同姓诸王，允许他们在郡国内大置军士，以达到拱卫中央的目的。与此同时，司马炎罢去了州郡之兵。

接下来，针对经济凋敝的现状，司马炎通过行政手段，采取了包括占田制、户调制和品官占田荫客制在内的制度，又三令五申地要求郡县官劝课农桑。

此外，司马炎还颁布了《泰始律》以规范官吏百姓的行为。因为担心不能贯彻落实，他还亲自向百姓讲析律令，并不时听讼录囚。

司马炎既要以法治国，自然也不能对自己不做要求，多年以来，他一直践行仁俭之道，虚心地听纳直言。正如他向郡国所颁的五条诏书那样，此时的开国皇帝司马炎，是在努力地正身、百姓、抚孤寡、敦本息末、去人事。

经过举国臣民的共同努力，司马炎终于得偿所愿，民间流传的《晋世宁》，便是对"太康之治"的最好回馈。

"晋世宁，四海平，普天安乐永大宁。四海安，天下欢，乐治兴隆舞杯盘。舞杯盘，何翩翩，举坐翻覆寿万年。天与日，终与一，左回右转不相失……"

在《晋世宁》的颂唱声中，司马炎平定了秦凉，杀死了鲜卑秃发树机能，又在太康元年（280）击灭了东吴，进而统一了中国，结束了将近百年的分裂局面。

文治武功达于极盛的司马炎，醺醺然望着他的俘虏孙皓，心下万分得意。

不久以后，人们便发现，那个发愤图强的皇帝变了。他开始变得贪婪好色、骄尚奢纵。据《晋书》的记载，司马炎在平吴之后，将对方的数千宫人尽数纳入宫中，于是掖庭中的人数竟有万人之多。由于美人太多，司马炎不知该宠幸谁，竟常常乘坐羊车，"恣其所之"。

早期，司马炎还公开批评奢靡的现象，但如今他不但自己时常卖官鬻爵，沉迷于享乐之中，还准许甚至支持臣子们夸豪斗富。很显然，这就是变相地默许他们敛财贪污。

当时，有识之士傅玄便上书称："奢侈之费，甚于天灾。"很早之前，孟子也说："上下交征利而国危矣。"一国上下，人人都在争利逐财，国家焉能不败？

果然，司马炎死后不久，西晋便陷入了无休止地内斗之中，太康时期的繁荣景象成了过去式了。

【释评】

西晋文人鲁褒，曾写过一篇《钱神论》，此文对西晋社会的拜金主义予以了深刻地讽刺。

可以说，正是因为统治集团极端腐朽，奢风弥漫于整个社会，大家才会被更多的利益所驱动，进而争斗不休。故此，皇室之间的内讧才有了生发的土壤。

忧患临身的时候，为求自保，人们往往会提高警惕，不敢掉以轻心。这是人之常情。而当忧患解除，替之以繁奢的快乐之时，人们也往往会丢掉警心，放纵自己的情感，任其恣意发挥。这也是人之常情。

既然朝乾夕惕与麻痹大意，都是人之常情，我们又如何能避免自己沦为"常情"的奴隶，拥有始终立于不败之地的人生呢？

其实，孟子已经说得很清楚了，"生于忧患，而死于安乐"。所以，无论生活环境多么优越，我们都应该主动地去吃一点苦，始终保有居安思危的心态。

【人物】

晋武帝司马炎（236—290），字安世，温县人，晋朝开国皇帝。司马炎于咸熙二年（265）袭封晋王，并于次年逼迫魏元帝禅位。统治初期，司马炎励精求治、厉行节俭，这一时期被美称为"太康之治"。太康元年（280），司马炎消灭了东吴，转而荒疏政事、沉溺享乐，更在选择继承人的方面出现失误，为八王之乱、永嘉南渡的乱局埋下伏笔。时人刘毅认为他不如桓灵、二帝，评曰："陛下卖官，钱入私门。"